中国博士后科学基金面上资助项目成果（项目号：2015M582318）

基于产业集群的
物流系统构建与运行研究

刘璠 著

武汉大学出版社

图书在版编目(CIP)数据

基于产业集群的物流系统构建与运行研究/刘璠著.—武汉：武汉大学出版社,2015.12
ISBN 978-7-307-17430-6

Ⅰ.基… Ⅱ.刘… Ⅲ.物流—系统工程—研究 Ⅳ.F252

中国版本图书馆 CIP 数据核字(2015)第 302008 号

责任编辑:李　程　　责任校对:李孟潇　　版式设计:马　佳

出版发行：武汉大学出版社　　(430072　武昌　珞珈山)
　　　　　（电子邮件：cbs22@whu.edu.cn　网址：www.wdp.com.cn）
印刷：武汉中远印务有限公司
开本：720×1000　1/16　印张:8.75　字数:146 千字　插页:2
版次:2015 年 12 月第 1 版　　2015 年 12 月第 1 次印刷
ISBN 978-7-307-17430-6　　定价:29.00 元

版权所有，不得翻印；凡购我社的图书，如有质量问题，请与当地图书销售部门联系调换。

目　录

第一章　绪论 … 1
第一节　问题的提出与研究意义 … 1
- 一、问题的提出 … 1
- 二、研究意义 … 1

第二节　国内外研究综述 … 2
- 一、关于产业链理论及其整合理论的研究 … 2
- 二、关于产业集群理论的研究 … 8
- 三、关于物流产业运作模式的研究 … 18
- 四、关于物流产业耦合理论的研究 … 25
- 五、已有研究存在的不足 … 28

第三节　本书研究的内容与方法 … 29
- 一、研究内容 … 29
- 二、研究方法 … 30

第二章　基于产业集群的物流系统概念及相关理论 … 33
第一节　产业集群物流的概念及其内涵 … 33
- 一、产业集群物流的概念 … 33
- 二、产业集群物流分类 … 33

第二节　产业集群物流与区域物流的区别 … 35

第三节　产业集群物流的理论基础 … 36
- 一、产业集群理论 … 36
- 二、博弈论 … 41
- 三、物流产业理论 … 44
- 四、信息资源管理理论 … 47

第三章　基于产业集群的物流系统构建 … 50
第一节　基于产业集群的物流系统的物流需求分析 … 50

一、基于产业集群的物流系统的物流需求的动因分析 …………… 50
　　二、不同阶段下物流系统的物流需求分析 …………………………… 51
　第二节　基于产业集群的物流系统运作要素 ………………………… 53
　　一、物流系统知识整合能力 …………………………………………… 53
　　二、网络化程度 ………………………………………………………… 56
　　三、创新能力 …………………………………………………………… 58
　第三节　基于产业集群的物流系统结构设计 ………………………… 60
　　一、实体结构设计 ……………………………………………………… 60
　　二、信息网络结构设计 ………………………………………………… 62
　　三、经济网络设计 ……………………………………………………… 65

第四章　基于产业集群的物流系统运作的过程 ………………………… 67
　第一节　基于产业集群的物流系统发展的动力机制 ………………… 67
　　一、基于产业集群的物流系统发展的动因分析 …………………… 67
　　二、基于产业集群的物流系统发展的动因理论阐释 ……………… 69
　第二节　基于产业集群的物流系统运作的过程 ……………………… 72
　　一、运作过程路径分析 ………………………………………………… 72
　　二、基于产业集群纵向整合的物流系统运作过程博弈分析 ……… 74
　　三、基于产业集群横向整合的物流系统运作过程博弈分析 ……… 79

第五章　基于产业集群的物流系统运作模式及其选择 ………………… 83
　第一节　第三方物流企业协同运作模式 ……………………………… 83
　　一、第三方物流企业协同运作模式的内涵 ………………………… 83
　　二、第三方物流企业协同运作的流程 ……………………………… 84
　　三、第三方物流企业协同运作模式的关键因素分析 ……………… 85
　第二节　动态供应链战略联盟模式 …………………………………… 86
　　一、动态供应链战略联盟运作的内涵 ……………………………… 86
　　二、动态供应链战略联盟运作的流程 ……………………………… 87
　　三、动态供应链战略联盟运作模式的主要因素分析 ……………… 88
　第三节　跨区域虚拟物流协同运作模式 ……………………………… 89
　　一、跨区域虚拟物流协同运作的内涵 ……………………………… 89
　　二、跨区域虚拟物流协同运作的流程 ……………………………… 90
　　三、跨区域虚拟物流协同运作的关键因素分析 …………………… 91

第四节　基于产业链整合的产业集群物流运作模式的选择 ………… 92
　　　一、基于产业链整合的产业集群物流运作模式的选择依据 ………… 92
　　　二、基于产业链整合的产业集群物流运作模式的选择模型 ………… 94

第六章　基于产业集群的物流系统支撑体系 ………………………… 97
　　第一节　基于产业集群的物流系统中的物流主体支撑体系 ………… 98
　　　一、基于产业集群的物流系统中的物流主体构成 ………………… 98
　　　二、基于产业集群的物流系统中的物流主体支撑策略 …………… 98
　　第二节　基于产业集群的物流系统中的物流客体支撑体系 ………… 99
　　　一、基于产业集群的物流系统中的物流客体构成 ………………… 99
　　　二、基于产业集群的物流系统中的物流客体支撑策略 …………… 100
　　第三节　基于产业集群的物流系统的物流载体支撑体系 …………… 102
　　　一、协同管理平台的治理模式分析 ………………………………… 102
　　　二、基于产业集群的物流系统的物流载体支撑策略 ……………… 104

第七章　基于产业集群的物流系统构建与运作案例 ………………… 108
　　第一节　晋江产业集群物流运作现状 ………………………………… 108
　　　一、晋江产业集群发展现状 ………………………………………… 108
　　　二、晋江物流业发展现状 …………………………………………… 109
　　　三、晋江产业集群物流运作存在的问题 …………………………… 111
　　第二节　晋江产业集群物流运作系统的构建与运作模式 …………… 112
　　　一、基于第三方物流的晋江产业集群物流运作系统 ……………… 113
　　　二、晋江产业集群物流系统的配套设施建设 ……………………… 114
　　第三节　启示与借鉴 …………………………………………………… 117

第八章　总结与展望 …………………………………………………… 120
　　一、总结 ………………………………………………………………… 120
　　二、主要创新点 ………………………………………………………… 121
　　三、研究展望 …………………………………………………………… 121

参考文献 ………………………………………………………………… 123

第一章 绪　　论

第一节　问题的提出与研究意义

一、问题的提出

产业集群是在全球化与区域化相互作用中参与竞争的主要力量。产业集群这一系统不仅存在着资源和产品的"大进大出",还需要系统内部不同企业物流的协调一致。物流系统的服务效率和成本在很大程度上决定了集群的市场规模和竞争力。产业集群的动态发展、集群区域中物流总量不断增多、物流跨度逐步扩大等,对原有的物流运作模式提出了挑战。近年来,无论是理论界还是实践界,有关产业集群物流的理论和实践十分活跃。但纵观这些理论与实践,多数从价值链、供应链、知识链等某一个角度进行研究探讨,但价值链、供应链、知识链多数情况下是缠绕并存在于同一产业链之中,这种"一对一"的对应观点显然只能反映产业集群物流运作某一方面的特征,不能全面地反映其状况,此外现有的产业链与产业集群物流关系的研究,大多限于一般性的描述,缺乏准确的系统契合。因此,需要分析和研究产业链整合与产业集群物流运作之间的影响;探讨在产业集群条件下物流系统运作动力、过程与机制;设计产业集群物流系统,包括需求分析、要素分析、结构设计等;提出产业集群物流运作模式及其选择模型。

二、研究意义

首先,以基于产业集群的物流系统的构建与运作为研究对象具有很强的理论意义。经济全球化进程中,产业集群作为推进经济发展的一种有效载体与渠道已经越来越受到各个领域的重视,现代物流的发展改变了经济的增长方式,这二者的结合不仅能够优化产业结构,使得产业结构向着合理化和高度集中化的方向发展，还能提高产业集群的竞争优势，促进经济的发展，推动产业结构升级。该模式的研究有助于提高现有集群企业物流系统适应市场、把握市场机遇的能力以及获得长久的竞争力。因此，有关产业集群物流运作模式的研究已成为物流界研究的重点之一。本书正是在这种背景下，以分析探索产业集群物流运作模式为目标，尽力补充、完善和深化产业集群的物流运作相关理论，提出具有实践意义的理论，为产业集群物流产业健康发展提供智力支持。

其次，对以基于产业集群的物流系统的构建与运作进行研究具有很强的实践意义。当前产业集群内企业虽然进行一定程度上的物流协作，但往往存在着诸多不协调的问题，其有序度有待提高。然而，集群企业比其他企业拥有更低的成本并反过来支持物流产业的发展。二者的相辅相成，能够及时洞察市场环境的变化，捕捉有利的市场机会，实现产业集群的结构调整，发挥集群的弹性生产优势，从而不断提高组织的物流管理水平。在产业集群内开展产业链的横向与纵向整合，整合产业链资源，实现整体物流，可以有效降低物流成本，提高物流效率，从而获取更强的竞争力。所以，我们需要认清产业集群物流的运作模式，从微观角度去分析、认识基于产业链整合的产业集群物流运作的全过程，提出创新性的产业集群物流运作管理见解和建议，并以此来指导企业的实践。

第二节　国内外研究综述

一、关于产业链理论及其整合理论的研究

（一）产业链的定义研究

产业链这一观念最早来源于西方古典经济学家亚当·斯密（1994）有关于分工的研究，其中有名的"制针"例子就是对产业链功能的描述，只是传统的产业链局限于企业内的操作，注重企业拥有的资源利用情况，只将产业链看成产品链。西方经济学家早期持有的观点认为产业链是制造企业内部的活动，是将外在的原材料、零部件，以生产销售为媒介由此送到零售商和客户的过程①。

Marsllall（1920）的研究被认为是产业链理论的起始者，这是由于分

---

① 亚当·斯密：《国民财富的性质和原因的研究》，郭大力、王亚南译，商务印书馆1994年版，第12~16页。

工被引入到企业之间,突出了企业之间的合作重要性①。

赫希曼(2006)在《经济发展战略》一书中认为产业链的定义可以从产业的前向和后向联系进行阐述②。

随着时间的推移,价值链理论和供应链理论兴起,产业链逐渐被运用,Stevens(1989)将产业链看作一个系统,这个系统包括物流和信息流并由供应商、制造商、分销商和客户组合而成③。也就是说,产业链是一个产品链、信息链和功能链的集合,强调产品和信息的重要性是同等的,并包括反扩环节。

Harrison(1993)认为产业链是在价值网络的概念基础上,从原材料的采购到中间产品及成品,最后到达客户手中的一个功能网络④,这种观点主要强调了产业链的价值创造功能。

杨公仆、夏大慰(2002)认为产业链也称产业活动链,泛指构成一切具有连续追加价值的关系活动,它可以是许多产品链的组合⑤。在经济活动中,根据产业的延伸方向,将其分为前向相关和后向相关关系,这些产业中的要素包括供给者和需求方。一方面,供给者通过对产业中的其他要素进行投入来突出和巩固自身的地位;另一方面,需求方通过对产业中的其他要素产出的销售量来展现自身在产业链中的作用。

赵绪福(2006)提出产业链的定义,是指从最前端的资源到最终端的消费者的过程中,通过各个存在某种联系的产业部门的经济活动将各项内在技术经济联系在一起,由此形成的前后顺序关联的有序的经济活动集合⑥。产业链是一种客观存在的相关关系,其本质就是产业关联,是供给与需求的关系;其实质就是一种时空顺序中,产业内的供给与需求关系,是供需和价值的传递;它的范畴具有伸缩性。

---

① Marshall A: Principles of Economics, London: Macmiiian, 1920.

② 转引自李一鸣、刘军:《产业发展中相关理论与实践问题研究》,西南财经大学出版社2006年版,第47~57页。

③ Stevens and Graham: Integrating the Supply Chain. International Journal of Physical Distribution and Material Management, 1989(8), pp. 3-8.

④ Trice H. M and J. M. Beyer: The Cultures of Work Organizations, London: prentice Hall, 1993.

⑤ 杨公仆、夏大慰:《产业经济学教程(修订版)》,上海财经大学出版社2002年版,第56~131页。

⑥ 赵绪福:《产业链视角下中国农业纺织原料发展研究》,武汉大学出版社2006年版,第30~32页。

杜义飞、李仕明（2004）认为产业链就是为了满足一系列存在相关关系的产品和服务的需求而产生的一种从获取原材料到市场的销售的前后关联、沿着横向有序延伸的经济活动①。研究还表明，产业链是具有结构属性和价值属性特点的存在某种内在联系的企业群结构。

张耀辉（2002）表示产业链是一种产业的层次，这种层次是指从自然资源延伸，通过若干产业层次向下游转移到消费品的途径。他对产业链的定义如下：（1）产业链是说明一种产业的层次；（2）产业链是描述产业之间的相关关系；（3）产业链阐释了对资源进行人工制作的程度；（4）产业链也呈现出需求的满足程度②。

郑学益（2000）研究表明，产业链是围绕具有竞争优势的、市场份额较高的和产品相关程度比较高的企业或者产品，用技术将上下游连接、前后相关形成一个链条，由此，将单个企业的优势整合成为区域或者产业的优势，进而形成某个地区或者某个产业的主要竞争力③。

林学强（2002）指出，产业链企业之间是一种关联体。这种关联体是由原材料和零部件的制造到半成品的销售，最后到产成品的生产和销售的全过程组成④。

龚勤林（2004）认为，产业链是在经济活动内在的技术经济联系条件下，现实中各项经济活动形成的一种前后衔接的链条形状的相关关系。他表明产业链有这样几种内涵：（1）产业链是一种现实存在的相关关系；（2）产业链的这种相关关系是一种时空顺序；（3）这种相关关系主要存在于部门之间；（4）产业链可以分解为不同的形式，主要依赖于不同审视的角度；（5）产业链的关联关系错综复杂⑤。

简新华对产业链的定义是经济活动中的各产业依据前、后向的关联关系而形成的一种产业组合⑥。

---

① 杜义飞、李仕明：《产业价值链：价值战略的创新形式》，载《科学学研究》2004年第5期。

② 张耀辉：《产业创新的理论探索：高新技术发展规律研究》，中国计划出版社2002年版，第110页。

③ 郑学益：《构筑产业链形成核心竞争力—兼谈福建发展的定位及其战略选择》，载《福建改革》2000年第8期。

④ 林学强：《构筑产业链提升区域竞争力》，载《福建经济》2002年第8期，第20~24页。

⑤ 龚勤林：《区域产业链研究》，四川大学博士学位论文，2004年。

⑥ 简新华：《产业经济学》，武汉大学出版社2002年版，第69~71页。

蒋国俊、蒋明新（2004年）站在战略联盟的视角下研究产业链，他们认为产业链是一种战略联盟关系链。这种关系链是由一定的产业集聚区内，某个产业中具有较强国际竞争力（或国际竞争潜力）的企业，与其相关产业的企业形成的①。

（二）产业链特征的研究

杨和财等（2008年）在《葡萄酒生态产业链的研究》中研究了葡萄酒产业的生态产业链特点，具体是指这种产业链可以扩大自然资源的存量、提高资源生产效率、符合社会性长期需要，属于系统创新活动②。

龚勤林（2007年）在《产业链空间分布及其理论阐述》中提出产业链的空间分布特征，包括"产业链的完整性与经济区划紧密相关、产业链的层次性与区域类型密切相关、产业链空间分布具有明显指向性"③。

李全新等（2007年）在《中药材产业链特征及发展对策研究》中指出了药材产业链的特征是产业链长、产业受医药工业的影响大、中药材产业链中以中药材原料出口为主、产业链环节之间的非对称性明显④。

多淑杰（2010年）在《产业区域转移影响因素的实证分析》中结合产业链和地理（区位）的特点，围绕我国纺织业的服装产业链、电子设备制造得到产业链、汽车制造的产业链的案例，分析产业链和地理特点对我国产业区域转移的影响，他认为产业链的特征有上下游产业间的垂直关联和集聚、部门水平关联和集聚、产业链要素偏好等⑤。

（三）产业链整合理论的研究

1. 价值链

Michael E. Porter（1985）在撰写《竞争优势》这本书时第一次提出了

---

① 蒋国俊、蒋明新：《产业链理论及稳定机制研究》，载《重庆大学学报》（社会科学版）2004年第1期，第36~38页。

② 杨和财、李全新、张振文：《葡萄酒生态产业链的研究》，载《中国人口·资源与环境》2008年第4期。

③ 龚勤林：《产业链空间分布及其理论阐释》，载《生产力研究》2007年第16期。

④ 李全新、郑少锋、李瑞青：《中药材产业链特征及发展对策研究》，载《中国农业资源与区划》2007年第2期。

⑤ 多淑杰：《产业区域转移影响因素的实证分析》，载《山东社会科学》2010年第8期。

价值链的概念，"从价值形成的角度分析，企业从成立之初到投入和经营的过程中，不仅有各种投入，还伴随着价值的增值，这就促使这个过程中的各个环节形成一条活动成本链。价值链是一条持续进行的活动，从原材料转换到各种最终产品并不断实现价值增值的过程"①。

Kogut. B 研究认为，价值链是指技术与原材料、劳动结合，由此进行各种投入，进而通过组合将这些过程结合，形成产品，最终通过市场交易和消费等完成价值循环的过程。这个过程中会形成一个不断增值的价值链条，链条上的单个企业可能只是参与了某一个环节，抑或是企业把整个价值增值过程都嵌入企业的等级制体系中②。

就价值链的理论而言，有两种创造价值的方式。一种是以更低的价格提供无差别的产品或者服务；另一种是通过收取合理的额外费用提供无差别的产品或者服务。这种分析方法可以了解企业形成核心竞争力的资源及其在经营过程中创造的其他价值。

2. 供应链

供应链的含义来源于价值链，形成于 20 世纪 80 年代后期。在当时，它以一种新的组织形态和运作模式出现，美国管理学家 Stevens 认为供应链是借由一个价值不断增值的过程和分销的渠道，将供应商的供应商到用户的用户这整个流程控制起来，在供应端开始，在消费者端结束。

Ellram（1991）则把供应链管理表述为：供应链管理是把供应商、分销商、零售商和最终客户结合起来，统筹规划，进行物料控制、管理和整合，管理的导向是整个供应链上各个企业之间的利益。在由供应链直到最终客户所形成的整个通路中，以各企业之间的一致性来进行管理，合理有效地利用现有资源，当然前提是要满足客户的要求，最终在各行业之间形成供应链网络③。

Christopher（1992）也认为供应链管理贯穿着整个商品的流通过程，

---

① Porter M. E：Competitive Advantage：Creating and Sustaining Superior Performance. London：The free Press，1985，pp. 3-5.

② Kogut B：Designing Global Strategies：Comparative and Competitive Value-added Chains. Sloan Management Review，1985（4），p. 26.

③ Ellram：Eupply Clain Management，Internal Journal of Physical Distribution and Logistics Management，1991（21），pp. 12-33.

运输方式、配送路线的选择等这些行为方式都属于供应链管理的范畴①。

Cooper（1994）则认为，供应链管理是把供应链上的所有企业作为一个整体，以整体的思想进行规划和管理，不再仅仅只考虑单一的企业。管理战略的制定是以生产、配送及行销等活动来考虑的②。

Douglas 等（1997）认为供应链管理包括的范围更广，业务范围是从供应商到最终客户整个供应链上各种商业程序的整合，这个程序不仅提供单独的产品和服务，还包括一些附加的服务，为企业和客户带来利益③。

3. 产业链优化整合其他研究

郁义鸿等（2005）通过分析不同类型产业链的特点，然后据此分别建立了静态效率基准和社会福利基准，这两种基准确立的基础是 3 种纵向产业链类型（知识经济形态下），然后研究出以产业链完全竞争为假设前提下的最大化社会福利④。

芮明杰等（2006）分别对比了有关规模经济、模块化经济、专业化分工经济、知识共享和价值增值过程等方面的不同特点，然后研究出不同的产业在价值增值和资源整合方面所适用的不同方法⑤。

（四）产业链整合与产业集群关系的研究

冉国庆在关于产业集群与产业链的关系研究中指出产业集群和产业链都具备网络的基本形态。而且两者之间存在着耦合关系，即产业链是产业集群中的主导，产业集群是产业链空间分布的载体，并提出了产业集群与产业链的耦合模型，如图1-1所示⑥。

杨水根在《基于产业链视角的湖南工程机械产业集群竞争力研究》中认为"产业链、产业集群与产业集群竞争力三者之间有着密切的内在联

---

① Christopher: Logistics and Supply Chain Management: Strategies for Reducing Costs and Improving Services, London: Pitman, 1992.
② Cooper M. C, D. M. Lamber, J. D. Pagh: Eupply Clain Management More then a New Name for Logistics. The Internal Journal of Logistics Management, 1997（8），pp. 1-14.
③ Douglas M. Lambert, Matha C. Cooper, Janus D. Pagh: Eupply Clain Manage-ment Implementation issues and Research Opportunities. The International Journal of Logistics Management, 1998（9），p. 2.
④ 郁义鸿、管锡展：《产业链纵向控制与经济规制》，复旦大学出版社2006年版。
⑤ 芮明杰、刘明宇：《产业链整合理论述评》，载《产业经济研究》2006年第3期。
⑥ 冉庆国：《产业集群与产业链关系的耦合》，载《商业研究》2008年第11期。

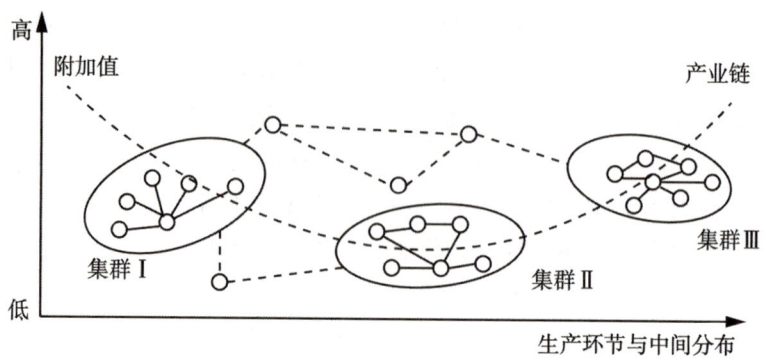

图 1-1　产业集群与产业链耦合模型

系。完善的稳固的产业链可以推进产业集群的形成和发展，而且可以使产业集群形成自己的核心价值，提高企业的综合实力，增加产业集群竞争力，从而会吸引更多的企业进行配套，加快产业集群的发展，并促进产业链形成、延伸以及进一步完善。它们是相互促进、相互吸引的关系"①。

二、关于产业集群理论的研究

（一）产业集群定义的研究

1. 产业集群内涵

目前，理论界对产业集群还未形成统一的定义，站在不同的角度所考虑的问题也是不一样的。有的是站在产业链的视角来研究，有的则主要强调空间聚集性。哈佛商务学院教授迈克尔·波特（1990）对产业集中的发展作出了很大的贡献，他和他的团队研究并建立的"菱形"模型是产业集群发展的基础，这个模型举世闻名，为后来的专家学者研究产业集群和竞争力提供了线索和方向，也促进了产业链和竞争力的形成。但是有关产业集群最开始的产生和应用领域还不能确定②。按照波特教授的理解，产业集群可以分为两种，一种是纵向集群，另一种是横向集群。前者这种集群方式是通过企业间的买卖交易而形成的；后者这种集群形式的企业一般有

---

① 杨水根：《基于产业链视角的湖南工程机械产业集群竞争力研究》，载《湖南商学院学报》2007 年第 5 期。

② Porter M：The Competitive Advantage of Nations. New York：Basic Books，1990.

相同的产品经营，分割相同的市场，或者有相似的资源等。Jacobs、Ard-Pieter de Man 和 Rosenfeld 在此基础上对产业集群的内涵进行了更加深入的研究和探讨。其中 Jacobs 和 Ard-Pieter de Man 一致认为不同的行业维度有不同的内涵，关于产业集群到目前为止，并没有唯一合理的定义。他们主要研究了一些重要领域的产业部门之间纵向和横向之间的联系①。但是 Rosenfeld 则研究的范围更广，他还把集群的一些其他因素考虑进去，如：规模、决策的重要性、生产产品的类型，还有所提供的服务类型及服务对象等，以此来定义产业集群。在定义时他比较注重企业之间的联系、交流与合作，并不主张把这些因素隔离开来，单一地进行考虑研究②。

此外，还有一些学者把产业集群的本义理解为"通过共同区位获得绩效优势的一些产业的地理集中"。Peter Doeringer 和 David G. Terkla（1995）主要从网络组织角度对产业集群进行界定，指出：一些相互依赖性很强的企业（包括专业供应商）、中介机构（经济人和咨询顾问）和客户，他们之间为了获得更大的利益，减少贸易壁垒，降低买卖成本，获得互助式技术支撑，然后会通过增值链相互联系形成网络，这种网络就是群③。

仇保兴（1999）认为，小企业集群是一种新型的组织结构，它既有市场结构的优点，又同时兼备等级结构的优势。介于二者之间，具有很高的稳固性和很大的灵活性。这种组织结构的主体主要是一些小企业，他们之间有一定的联系性，但是又各自有分工，他们之间互相合作，共同发展④。

学者对于产业集群的定义和内涵的研究一直在持续，综而观之，产业集群至少应包括如下几个因素：①必须把空间位置考虑进去，这个是很重要的一个因素；②社会基础也是产业集群中很关键的一点；③考虑企业所处的宏观环境，要从整体的角度出发，不能仅仅只关注单个企业或行业的状况；④这是一种动态的经济地理现象。

---

① Jacobs D, Ard-Pieter de Man: Clusters, Industrial Policy and Firm Strategy: A Menu Approach. Technology Analysis and Strategic Management, 1996 (4), pp. 425-437.

② Rosenfeld S. A: Bringing Business Clusters into the Mainstream of Economic Development. European Planning Studies, 1997 (1), pp. 3-23.

③ Peter Doeringer, David G. Terkla: Business Strategy and Cross-industry Clusters. Economic Development Quarterly, 1995 (9), pp. 225-237.

④ 仇保兴：《小企业集群研究》，复旦大学出版社1999年版，第12~14页。

通过以上的研究，我们可以总结出产业集群有以下几个方面的特点：①有产业集中或者是集聚，是产业集群的基础，当然必须是在指定的空间内。②在集群内的各个企业之间相互联系，形成一定的合作关系，最终达到共赢，使各个企业共同发展。③有些产业的实力水平很强，具有一定的区域竞争力，这些产业一般作为产业集群的中流砥柱，对整个产业的经济水平具有一定的拉动作用。它们可以提高产品和服务带动整个产业的经济发展。

2. 产业集群概念辨析

因为站在不同的角度进行研究，对产业集群的看法和定义也是不一样的。经济的发展促进了产业集群的发展，为了进一步更好地把握和理解产业集群的内涵，对产业集群的内涵和概念和其他相似的概念进行比较和进一步辨析，对我们来说是很有必要的。王缉慈等（2006）针对在我国学术研究和媒体报道中关于产业集群概念理解中的一些误区进行评析。其误区主要是：①混淆集群的空间概念，把专业化城市误认为是产业集群；②一些特色的产业也不属于产业集群的范畴；③产业集群不仅仅是指产业的投入产出链；④把产业集群等同于企业的地理邻近①。贾若云（2005）从产业集群与若干相近概念比较的论述中对产业集群的概念进行了辨析，如表1-1所示②。

表1-1　　　　　　　产业集群概念辨析

概念	定义	与产业集群概念的区分
产业集中	产业集中主要是指在整个行业内市场占有率和影响力都比较大的企业，他们是产业组织重点探索的对象	产业集中不考虑空间的聚集，对企业的分布状况没有直接的联系，而且对企业之间的合作和交流考虑的比较少，主要是显示出垄断程度。和产业集群是完全不同的概念

---

① 王缉慈、谭文柱、林涛、梅丽霞：《产业集群概念理解的若干误区评析》，载《地域研究与开发》2006年第2期。

② 贾若云：《产业集群概念辨析及对区域发展的作用》，载《企业经济》2005年第6期。

续表

概念	定 义	与产业集群概念的区分
产业集聚	产业集聚一般来说，比较注重企业在空间上的集中。产业从分散到集中的过程是一些专家学者研究的重点	产业集群主要侧重企业之间的联系和合作，因此，产业集聚发展成为产业集群是有一定要求的，并不是所有的产业集聚都可以形成产业集群，这些企业之间必须是相互关联的，才可以形成集群
产业链	指某种产品从原料、加工、生产到销售等各个环节的关联	产业链只是产业集群的一部分，产业集群的概念和包括的范围比较广泛。然而产业链主要强调了各个企业之间的合作和交流，不强调产业和行业的集中分布，而且对于产业链之外的一些机构的关注明显不够
工业园区	工业园区的侧重点主要是工业方面，研究内容一般是一些商品的出口业务，在这个业务中外资是很关键的。技术的开发和研究也是工业园区关注的重点	企业之间联系的紧密程度是产业集群形成的关键。在形成的工业园区中，有的企业之间经常交流与合作，彼此之间联系密切，就形成了产业集群，而有的工业园区比较独立，强调各种发展，则不能发展成为产业集群

（二）产业集群功能与特征的研究

1. 产业集群功能

王喜权和李树德（2005）认为集群经济可以使同一产业内部的分工更为精细从而可以节约成本，产生高效率；集群也可以促进各个企业不断进行创新和研究，迫使企业开发出更先进的技术，形成科学的管理思想，从而促进企业的发展，形成自身的竞争优势；核心产业的集聚也可以带动产业链中中小企业的发展，推动整个行业的发展。建立产业集群有利于集中治理污染，节约环保成本①。

Philippe Martin 和 Gianmarco I. P. Ottaviano（2001）以 Krugman 的新经

---

① 王喜权、李树德：《论产业集群的作用和意义》，载《哈尔滨市委党校学报》2005年第1期。

济地理理论和 Romer 的内生增长理论为基础，进行了相关的研究。在此基础上形成了相关的模型；最后得出结论：产业在一定程度上的聚集可以在一定程度上降低企业运营的成本，从而可以带动经济的增长①。Nicholas Craft 和 Anthony J. Venables（2001）从地理学的有关知识出发，结合经济的发展来研究产业集群的作用。他总结了世界上大国的发展和兴衰，最后认为，虽然历史的演进主要受社会体制的影响，但是经济的发展在很大程度上也受到了产业集群的影响②。

Catherine Beaudry 和 Peter Swann（2001）主要运用实例进行具体分析研究了产业集群的强度和企业的运营状况、经济发展之间的关系。他们主要选取的对象是英国的一些行业，指标的选取主要是有关雇员的数量。他们通过研究发现，产业集群在不同的行业中发挥的作用也是不一样的，既有积极的一面，也有消极的一面。但是在一些制造领域，如汽车等重工业领域，还有计算机等有关的互联网设备中，形成产业集群对这些行业的发展具有积极的推动作用③。D. Norman 和 J. Venables（2001）主要是对世界上产业集群的企业的规模和数量进行了研究。探索国家的经济政策和制度对产业集群的影响，得出结论，在世界上有关规模经济和社会经济发展均衡，福利最大化的情况下，产业集群的数量比较多而且规模都不大④。

韩炜（2010）通过研究后，总结出产业集群的优势，他认为产业集群的形成，一方面，在一定程度上不仅促进了企业的发展，而且可以提升整个行业的综合实力；另一方面，产业集群加强了企业之间的交流与合作，可以有效地实现资源的共享和高效利用，"区位品牌"这个效应就很容易深入人心⑤。

通过观察国内外有关专家学者，对于产业集群功能的研究，我们可以发现，有以下几点是共通的：①产业集群提高了产业的整体竞争能力；②

---

① Philippe Martin, Gianmarco I. P. Ottaviano: External Trade and Internal Geography in Developing Economies. Working Paper, 2001, pp. 10-12.

② Nicholas Craft, Anthony J. Venables: The Economic Geography of Trade, Production and Income: A Survey of Empirics. Working Paper, 2001, pp. 66-68.

③ Catherine Beaudry, Peter Swann: Growth in Industrial Cluster: A Bird's Eye View of the United Kingdo. SIEPR Discussion Paper, 2001, pp. 33-35.

④ D. Norman, J. Venables: Geography and Development. NBER, Working Paper, 2001, pp. 12-15.

⑤ 韩炜：《基于扎根理论的外生型产业集群异变机理研究》，载《科技进步与对策》2010 年第 12 期。

产业集群促使企业不断进行创新研究，形成自身的核心竞争力；③产业集群可以带动经济的发展；④产业集群是应对环境污染和破坏的有效措施。

2. 产业集群特征

赵峥（2009）认为产业集群有如下特征：①集中特征。产业集群的集中特征即从空间角度看，产业具有地理位置上的相近性，同时产业领域相对集中，具有很强的竞争优势；②专业特征。产业集群的专业特征也就是说，在生产经营过程中，某一企业专门从事特定的产品生产经营和提供特定的服务；③数量特征。即从事同一或类似产业的企业数量相对多；④网络特征。产业集群的网络特征即集群内企业通过生产联系形成紧密的关系网络，网络中的各主体之间以正式或非正式关系，频繁进行着贸易往来，相互之间进行紧密联系，不断地交流和合作，促进了企业的发展和经济的增长；⑤创新特征。企业之间通过集群能够形成自身学习和外部模仿机制与氛围①。

孟琪（2009）认为产业集群具有专业化特征、以中小企业为主体的特征、经济外部性特征和网络化特征②。

巴雅尔（2007）研究认为产业集群的特性有根植性、共生性、互动性和动态性③。

李岩和陈雪梅共同认为，产业集群主要有以下几个特点：①在空间上具有聚集性，彼此之间相距很近；②集群的企业之间联系紧密，彼此之间不断交流与合作；③在各个环节都有很好的往来互动；④相关的公用基础设施比较完善；⑤外向型的投入产出；⑥相互之间可以使资源充分利用和共享；⑦相关的信息和知识流通比较顺畅④。

综上所述，对于产业集群的特征考察可以从六个维度进行：①空间特征，任何产业的集群必须是，相距较近，在一定的范围内聚集；②产业特征，技术可分性是产业集群的基础，具有这个特征类型的企业更易形成产业集群，并且更有利于企业的发展。产业是垄断竞争型市场结构，产品差

---

① 赵峥：《产业集群：概念和特征》，载《经济研究参考》2009年第1期。
② 孟琪：《基于产业集群下的物流运作模式研究》，重庆交通大学硕士学位论文，2009年，第11~12页。
③ 巴雅尔：《产业集群演化理论及其应用研究》，大连海事大学硕士学位论文，2007年，第9~11页。
④ 李岩、陈雪梅：《产业集群竞争力形成与发展研究：以广东惠州市为例》，载《产业与科技论坛》2010年第1期。

异化的潜力大，产业竞争环境具有动态多变性和速度经济性；③组织特征，首先产业集群是生产系统，其次是社会系统，最后，集群组织最根本的联系纽带是竞合联系；④经济特征，规模经济、范围经济和外部经济是集聚经济最终形成的三种形式；⑤发展特征，累积因果性和路径依赖性是产业集群的发展特征；⑥环境特征，一方面表现为"灵敏的经济基础"，但更为重要的另一面是集群的创新环境。

(三) 产业集群类型的研究

在对产业集群进行分类的问题上，由于学者们强调的重点和分析目的不同，因而对产业集群的分类也各有特点。

仇保兴（1999）认为，根据产业集群的结构特征，可以把产业集群分为"市场型"产业集群、"锥型"（也称"中心卫星工厂型"）产业集群和混合网络型中小企业群落三种形式。同时由于各个企业经营的范围和从事的业务不同，又可以分为制造业集群、生产集群和销售经营集群等①。

王缉慈（2001）认为也可以按照产业性质的不同，又把集群分为新型的新技术产业集群、原来的一般的传统产业集群和普通的资本和技术相结合的产业集群三种类型②。

朱祖平（2005）根据产业性质和产业联系结构两个维度对产业集群进行划分，将产业集群分为高科技中卫型、高科技市场型、一般性中卫型、一般性市场型、传统中卫型和传统市场型六种产业集群③。

谢贞发（2005）经过研究，把产业集群分为"原生型"、"嵌入型"和"衍生型"这三种类型，这种划分的方式，是按推动力的不同而区分的。所谓"原生型"产业集群的驱动因素一般是企业内部的资源优势、市场需求状况和技术发展水平等。如我国浙江省的诸多产业集群即属于此类。"嵌入型"产业集群的原动力一般是指企业所处的外部环境等一些相关的因素；"衍生型"产业集群主要是由国有企业衍生形成的产业集群④。

李凯、李世杰（2005）认为产业集群以政府介入程度为依据的分类方

---

① 仇保兴：《小企业集群研究》，复旦大学出版社1999年版，第66~69页。
② 王缉慈：《创新的空间——企业集群与区域发展》，北京大学出版社2001年版，第22~25页。
③ 朱祖平：《产业集群与竞争优势之间的因果解释及其政策意义》，载《福州大学学报》（哲学社会科学版）2005年第3期。
④ 谢贞发：《产业集群理论研究述评》，载《经济评论》2005年第5期。

法有其积极的一面，他们把政府主导的老工业基地，如将沈阳重大装备制造业纳入集群的研究中，具有一定的现实意义，但是这些老工业基地是否属于集群，能否用集群的方法进行分析，还有待学者们进一步的探讨①。

黄程、符正平（2003）把产业集群分为飞地集群、锥子集群、原子团集群、和未来集群，并进行了实证分析②。

不同学者根据学科的不同，划分出了不同的类型，具体可见下表（表1-2）。不同的分类方式的影响力大小和准确程度是不尽相同的，有些分类方式影响力较大，如波特、Markusen和王缉慈等人的分类方式，其后很多学者在分类的时候都借鉴了他们的分类方式，有的则影响力一般。有的分类方式不够准确，如Mccann和黄程、符正平等的分类方式，分别把纯集聚体和"飞地"等经济现象划入了集群范畴，笔者认为这是值得商榷的。

表1-2　　　　　　　　　不同的集群分类总结

分类者	划分标准	内　容
M. E. Porter	企业联系方式	横向集群和纵向集群
Mccann 等	产业区结构特征	马歇尔式产业区，轮轴式产业区，卫星产业平台，政府定位型产业区
Mccann 等	一个交易成本的视角	纯粹集聚、产业共同体和社会网络
仇保兴	产业区结构特征	市场型产业集群、中心卫星型产业集群、混合型企业集群
仇保兴	企业从事的活动不同	从事制造业务的公司集聚、混合业产业集群和经营销售的产业集群
王缉慈等	产业集群产生的原因	出口便利的沿海地区，人才集中地，技术研究和开发区，核心企业所在地形成的网络，中小企业聚集地

---

① 李凯、李世杰：《我国产业集群分类的研究综述与进一步探讨》，载《当代财经》2005年第12期。

② 黄程、符正平：《珠江三角洲地区企业集群的分类及其特征》，载《管理评论》2003年第6期。

续表

分类者	划分标准	内　容
李凯等	政府的干预程度	政府主导型、市场主导型
黄程等	企业所在地的产业多样性和生产经营的完整性	锥子集群、飞地集群、未来集群和原子团集群
金碚等	产业的性质	传统产业集群、高技术产业集群、资本和技术相结合型产业集群
罗若愚	集群的形成方式	浙江专业化产业区（"原生型"产业集群）、广东外向型产业集群（"嵌入型"产业集群）、高科技产业集群

（四）产业集群发展过程的研究

产业集群具有像产品一样的生命周期。Tichy（1998）认为企业集群的变化可以从实践的角度进行划分，分别为产生、成长、成熟和衰退几个阶段，并表示不是所有产业集群都有长期的竞争力①。波特（1998）总结出产业集群经历萌芽、演进、衰退三个过程。他把集群丧失竞争力归因为技术中断、需求交化和集群内在的僵化②。

Schmitz 研究表明通过两种不同的发展道路形成不同的集群，分别为创新型集群和低成本集群。①高端道路和创新型集群（high-road，innovation-based），这种产业区的形式在欧洲比较典型，具有创新、高质量、功能灵活和工作环境适宜的特点；并且企业间在法规制度相对完善的情况下自觉地发展合作关系。②低端道路和低成本型集群（low road，low-cost-based），这种形式的集群是以更低的成本参与竞争。特点是劳动力充足且十分廉

---

① Tichy G．Clusters：Less Dispensable and More Risky than Ever. New York：Basic Books，1998．

② Porter M．Clusters and New Economics of Competition. New York：Basic Books，1998．

价，原材料的成本十分低。在欧洲的研究中认为这两种形式是相互冲突的，这是因为他们认为低端道路的集群会因为恶性的竞争导致高端道路的不良发展。现有研究表明，中国的一些集群属于低端道路和低成本型①。

国内也有学者开展了相关的研究。于秀婷、史占中（2005）认为产业集群有四个不同的发展阶段，依次是起始阶段、成长阶段、稳定阶段和再次飞跃阶段②。池仁勇（2005）等人研究表明产业集群的几个阶段为孕育阶段、快速成长阶段、成熟阶段、衰退阶段③。

王芹（2007）讨论了产业集群的自发性，主要是指产业集群的形成、市场自发性的发展、区域位置的特征、外部环境和政策对它的影响等。在这些问题讨论中，形成了这样几种观点：①自下而上型（市场主导型）。集群化是市场导向的首创活动，政府起着推动和调控的作用，并不首先对产业进行目标设定。②自下而上型（政府主导型），这种形式是政府对产业先进行目标的设定、前景的规划，决定参与主题并占据主导地位。③波特的观点（非市场主导型、非政府主导型，是自发形成的），他强调的是在不同的发展时期，政府角色的差异④。

朱建安（2008）针对发展中国家，介绍了产业集群可能的升级路径，并重点分析传统制造环节沿着套球价值链向研发、营销等上下游环节拓展的功能升级，对其中的影响要素作了梳理⑤。

李小彬（2008）对中国的产业集群现状进行了深入研究，得出以下结论：①中国的产业集群发展水平较低，从产业集群涵盖的产业内容来看，主要都集中在传统的制造加工业。虽然我国在20世纪90年代以后逐渐形成了部分高科技产业集群，但是这些企业并不是核心技术的主导者。②产业集群的发展呈现"一小一大"的态势。这种情况是指中国的产业集群整体市场和生产规模很大，但都是以中小企业为主的典型小企

---

① Schmitz H：Small Shoe Makers and Fordist Giants：Table of a Super-cluster. World Development，1999（23），pp.9-28.

② 于秀婷、史占中：《产业集群的演化和阶段性成因探讨》，载《上海管理科学》2005年第1期。

③ 池仁勇、郭元源、段姗、陈瑶瑶：《产业集群发展阶段理论研究》，载《软科学》2005年第5期。

④ 王芹：《国外产业集群理论研究综述》，载《生产力研究》2007年第19期。

⑤ 朱建安、周虹：《发展中国家产业集群升级研究综述：一个全球价值链的视角》，载《科研管理》2008年第1期。

业集群①。

综上所述，国内外的研究在产业集群发展阶段划分的认识上观点十分相似，更倾向于四阶段的方法。然而，对产业集群每个阶段特点的认识上没有达成一致。并且，如果从动态的视角来划分产业集群就可以发现这四个阶段并不是所有产业集群都会完整经历的。这是因为，在任何一个阶段都会存在各种各样的因素使得产业集群走入衰亡。另外，即便是经历了这四个完整阶段的产业集群，也会因为所处的外界环境差异和集群中内在作用的关系造成二者在演化过程中的不同。

这种问题是学者们普遍关注的，而静态的产业集群生命周期理论无法对此给出合理的回答，需要动态地对集群的演化过程进行考察。

但总体来说，产业集群理论已成功地对某些现象进行解释，并开始逐步重视对创新型产业集群的研究，仍然存在一些问题：

（1）关于产业集群形成的相关研究十分缺乏，尤其是关于产业集群在不同经济体制下如何形成以及培育情况。无论是计划经济体制还是市场经济体制都出现产业集群并在一个不长的时间内形成集聚效应。然而长期内，因为市场流动性十分缺乏，创新的动力来源和激励措施都还不够，这样导致集群十分固化，缺少活力。

（2）产业集群的生命周期并没有引起足够的重视。这其中最为关注的是产业集群形成的阶段，很少研究处于衰退期的产业集群如何进行重造这一主题。

（3）定量研究文献不足。整体来看相关研究大部分是关于理论的，涉及实践领域的十分少。而其中最亟待解决的问题，是把产业集群理论与产业政策的制定相结合，尤其是改革开放的政策，以此达到促进产业的国际竞争优势和带动经济良好、健康和可持续发展的目的。

三、关于物流产业运作模式的研究

（一）物流产业发展的研究

国外学者对物流产业的研究主要从以下几个方面展开：

---

① 李小彬：《中国产业集群的发展现状及对策》，载《湘潮》2008年第7期。

Des Powell（2001）主要分析了物流产业的环境协调性问题，他认为在物流活动过程中，存在大量的污染问题，造成对环境的不利影响，而发展绿色物流需要关注在物流活动过程中与环境的和谐发展，运用定量的方法衡量物流活动对环境产生的影响，通过相关政策和措施，控制物流发展过程中对环境的不利影响①。

Sungwon Lee（2001）主要分析了如何提高物流产业效率的问题，目的是通过政府的调节作用帮助企业优化运输方式从而发展共同配送模式；成立现代化的物流中心以此通过有限的交通量来提高整体运作效率；发展现代化交通管制系统，促进交通的通畅，提高运输效率②。同时，Gandlur，Karthik Satyanarayana，M. S.（2002）提出公共物流网络对区域物流系统运作效率的影响和作用，主张将公共物流网络作为区域物流系统的基础设施来进行建设③。Eiichi Taniguchi，R. G. Thompson（2004）在 *Logistics Systems for Sustainable Cities* 中指出，运输系统成为城市发展规划中越来越重要的研究问题，提出城市物流的概念，目的是在提高城市货运系统效率的同时减少交通堵塞和环境压力④。

C. K. M. Lee（2009）主要分析了物流产业发展过程中的经济效益和成本问题，认为生产商在产品制造过程应充分考虑材料的可拆解性、可回收性和可再制造性以提高资源的再利用率，减少对环境的不良影响，同时提出了利用 RFID 技术减少正向物流与逆向物流的成本⑤。

而国内学者主要从以下几个方面展开：

在物流产业发展对国民经济的重要意义方面，李莉等（2003）通过对实际数据的分析，论证了物流产业与提高国民经济之间的相关性，并表明

---

① Des Powell: Government and Industry working together to Implement Modem Logistics. Transport and Communications Bulletin for Asia and the Pacific, 2001 (70), pp. 120-124.

② Sungwon Lee: Improving Efficiency in the Logistics Sector for Sustainable Transport Development in the Republic of Korea. Transport and Communications Bulletin for Asia and the Pacific, 2001 (70), pp. 110-114.

③ Gandlur, Karthik Satyanarayana, M. S: Implementation of Adaptive Routing in Networks. North Carolina State University, 2002, pp. 125-131.

④ Eiichi Taniguchi, R. G. Thompson: Logistics Systems for Sustainable Cities. Elsevier, 2004.

⑤ C. K. M. Lee, T. M. Chan: Development of RFID-based Reverse Logistics System. Expert Systems With Applications, 2009 (5), pp. 9299-9307.

发展物流产业能够促进国民经济的发展①。廖海（2004）认为，首先物流产业的发展能促进制造业降低产品成本，提高经济效益；其次，物流产业的发展能够促进新型商业企业和业态的发展；最后，物流产业的发展能够推动运输方式的创新和物流企业的发展②。

在物流产业的发展对策方面，陈洪云等（2002）从转变物流管理体制，加快物流基础设施的建设，引导物流企业跨行业、跨地区、跨国经营和尽快培养物流产业所需的人才四个方面阐述了我国物流产业的发展对策③。贾晓航等（2004）从确定新世纪物流技术战略、建立政府部门间协调机制、加快培育第三方物流市场、以技术创新推动物流产业的发展、抓好物流标准化体系建设、重视物流人才的培养和教育等六个方面提出了打造中国现代物流产业的建议④。

在物流产业发展与体制变革之间的关系方面，沈玉良等（2001）认为，物流产业的发展问题并不仅仅是靠物流产业本身就能解决，更不是靠某些企业的成长来发展物流产业，或者是引进国外技术就能解决问题，它需要对旧体制下产生的运行方式作彻底的改造，制度的重新整合要先于物流产业的发展⑤。

在政府对物流产业的推动作用方面，国务院发展研究中心物流产业政策赴欧考察团对欧洲物流产业发展的考察后认为，物流产业的发展需要政府的参与和必要的政策支持，这包括营造良好的制度环境、打破垄断与创造充分竞争的市场环境、加强物流基础设施的投入、推进物流产业标准化、加快物流产业现代化进程、制定政策以引导和鼓励物流产业发展等⑥。

在物流产业发展的约束因素方面，刘秉镰（2007）认为，我国物流

---

① 李莉、张建华、周海燕：《物流产业发展与国民经济整体水平提升的相关性分析》，载《中国机械工程》2003年第10期。
② 廖海：《我国物流产业发展对策研究》，载《中国流通经济》2004年第9期。
③ 陈洪云、李贵春、李龙洙：《我国物流业存在的问题及对策》，载《经济师》2002年第9期。
④ 贾晓航、张建国：《打造中国现代物流产业的建议》，载《经济学家》2004年第2期。
⑤ 沈玉良：《我国物流产业发展中的几个问题》，载《国际商务研究》2001年第4期。
⑥ 国务院发展研究中心赴欧考察团：《政府与行业协会在物流产业发展中的作用——欧洲物流产业政策考察报告》，载《中国物资流通》2001年第10期。

产业发展主要受五个方面的约束：条块分割式管理体制约束、市场需求约束、人才供给约束、专业化物流服务供给约束、基础设施整体效能约束①。

在物流产业发展的新趋势方面，王微（2007）认为，随着经济的持续健康发展，物流产业也得以迅速扩张使得产业集中度提升，物流产业将凸显日益细分的特征，以现代信息技术、运输技术、管理技术为基础的集成化、一体化物流服务将得到更为广泛的应用②。李清、董葆茗（2010）研究表明，中国的物流发展在一个相当长的时期内是十分有利的，保持稳定增长；产业内整合步伐加快，市场层次化水平不断提升，市场集中度不断提高；物流企业综合竞争力越来越强，各种现代化的信息技术得以运用，各种先进的物流发展观点得到普遍认可，绿色物流理念将引导物流产业未来发展；发展环境将进一步优化，物流产业发展不均衡状况将得到缓解③。

综上所述，物流产业的发展不仅要依靠先进的技术，而且要依靠良好的制度环境和产业发展环境，通过建立部门间的协调机制，加强对物流基础设施的投入，重视物流产业的人才培养，使物流产业的发展能更好地促进国民经济的发展。

(二) 物流产业特征的研究

对于物流业的产业特征，虽然理论界进行了近十年的探索，但从现在来看，实际上仍然没有真正完成这个过程。物流到底是一个什么样的产业，其发展内涵、外延及发展的途径、手段和方法仍然有必要进行研究。

从物流产业的发展内涵及外延来探讨物流产业的特征，朱世平（2005）认为传统的储运业正向社会化和现代化物流产业转化，第三方物流已迅速兴起，信息技术在物流领域得到了一定的应用，城市区域性物流中心规划已受到重视，物流基础设施已粗具规模④；武钧、贾春雷（2005）认为，专业化物流服务需求已经出现；专业化的物流企业慢慢出

---

① 刘秉镰：《全面开放下的中国物流市场结构与特征分析》，载《中国流通经济》2007年第4期。

② 王微：《"十一五"我国物流产业发展的环境与新趋势》，载《中国流通经济》2007年第2期。

③ 李清、董葆茗：《中国物流产业发展的新趋势》，载《中国流通经济》2010年第7期。

④ 朱世平：《中国物流产业发展特征分析》，载《财贸经济》2005年第2期。

现,多样化的物流服务开始发展;物流基础设施和装备发展较快①。

从物流产业的功能性方面来探讨物流产业的特征,何明珂(2001)认为,物流是一个由多个行业组成的产业,物流产业具有多行业性、基础性、服务性、综合性的特征②。帅斌(2005)认为物流产业具有对相关产业及部门物流资源的整合性、与国民经济各产业部门的高耦合性、行业壁垒的相对坚固性以及物流产业的社会化和市场化属性③。赵素霞(2006)认为,物流产业具有衔接性和整合性④。

从物流产业的增长特征和结构特征方面来分析,李英、张晓萍、缪立新(2009)研究表明判断物流产业是否增长有这些特征:①各种基础设施与从业人员数量的增长;②设施设备的现代化;③现代物流技术的运用;④技术集成度高;⑤人力资本呈现边际收益递增;⑥管理理念和服务模式日益先进。同时,物流产业的结构有以下特征:①物流产业对第二产业的依赖性和拉动作用十分明显;②能够改善国民经济;③中间产品的基础产业向"中间产品型产业"演进;④对国民经济的正向影响远大于国民经济对物流的促进作用⑤。

从物流产业的复合型特征来分析,李学工(2003)认为,物流产业是社会分工与专业化深入发展的结果,这使物流产业与国民经济中各产业部门之间存在着高度耦合性⑥。汪鸣(2009)认为物流产业的复合型特征主要体现在以下三个层面:①各种物流的服务方式之间的融合;②与服务对象之间的融合;③管理与政策的融合⑦。

综上所述,由于物流产业涉及了铁路运输行业、公路运输行业、航空运输行业、水路运输行业、管道运输行业、包装行业、装卸行业、仓储行

---

① 武钧、贾春雷:《物流产业的发展研究》,载《内蒙古科技与经济》2005 年第 9 期。

② 何明珂:《物流系统论》,中国审计出版社 2001 年版,第 214~216 页。

③ 帅斌:《物流产业化发展机理与政府规制研究》,西南交通大学博士学位论文,2005 年。

④ 赵素霞:《成都市物流产业发展措施探索》,西南交通大学硕士学位论文,2006 年。

⑤ 李英、张晓萍、缪立新:《我国物流产业特征及实证模型框架》,载《商业研究》2009 年第 5 期。

⑥ 李学工:《论物流产业对国民经济的贡献》,载《北京工商大学学报》2003 年第 6 期。

⑦ 汪鸣:《物流业的产业特征与发展问题》,载《中国流通经济》2009 年第 7 期。

业、邮政行业、电信行业等。我们可以认为，物流产业具有资源的整合性，它是一个跨地区、跨行业、跨部门的服务型、基础型和综合型产业，它既是一个庞大的纵向经济领域，同时也是一个为其他所有经济领域服务的横向经济领域。

(三) 物流产业运作模式的研究

从物流管理主体的角度来看，物流产业运作模式有不同的分类。诸如制造企业物流运作模式、商业企业物流运作模式、虚拟电子商务企业物流运作模式、第三方物流企业运作模式等。企业物流运作模式包括企业在生产经营中关于物流活动的管理和操作。主要研究集中在以下几个方面：

1. 自营物流

高海晨 (2004) 研究认为自营物流运作模式就是企业出资准备车辆、仓库、场地、人员等基本要素进而开展物流活动。这种运作模式是比较传统的企业物流，企业不用直接承担仓储服务、运输服务，而是通过购买获得。但这种是局限于一次或者一系列的临时性分散物流功能，属于纯市场交易服务[1]。张明、周鹏 (2006) 认为是纵向一体化促进了自营物流的产生。企业自备仓库、车辆等设施，并设立管理部门统一运作。这种模式可以在满足企业自身需求情况下将闲置资源出租给其他生产型企业或者服务机构[2]。

2. 外包物流

于江 (2003) 认为，企业对信息技术柔性不断增长的需求也是使用外包物流的一个重要原因，一个专业性的外包物流能够不断地更新自身的信息技术和设备来满足企业信息化的需求，同时物流外包还可以提供产品在地理区域上的灵活性[3]。孙耀乾 (2008) 认为企业通过整合外部优势的资源，可以达到降低成本、提高效率、充分发挥自身核心竞争力，从而使企业具有强大的环境适应性，这种管理模式就是外包物流[4]。

3. 第三方物流

---

[1] 高海晨：《工业企业自营物流模式分析》，载《企业活力》2004 年第 5 期。
[2] 张明、周鹏：《第三方物流和自营物流的比较分析》，载《沿海企业与科技》2006 年第 2 期。
[3] 于江：《企业外包物流的选择与合作》，载《财经问题研究》2003 年第 5 期。
[4] 孙耀乾：《论我国企业物流运作模式的决策》，载《商品储运与养护》2008 年第 2 期。

Vanheok Remkol（2000）认为，企业亲自运作物流存在投资和存货两种风险。但是第三方物流模式可以减少存货的风险，这是由于第三方物流的专业化配送可以加快存货的流动，减少企业安全库存，由此降低企业的资金风险或者将风险转移一部分给第三方物流企业①。刘铁钢（2005）认为，物流的供需双方以外的第三方完成的物流活动叫第三方物流。其中第三方具体就是指物流服务的交易双方部分或全部功能的外部提供者②。蒋鹏（2009）认为，在市场竞争日趋激烈和社会分工日益细化的背景下，第三方物流具有明显的优越性，具体表现在：①企业集中精力于核心业务；②灵活运用新技术，满足个性需求；③节省费用，减少资本积压③。

4. 第四方物流

Hoong Chuin Lau（2002）研究了第四方物流平台的智能机制④。Tyan Jonah C（2003）结合中国台湾的多个生产商通过空运个人计算机到美国的多个销售商案例，建立优化模型应用三种策略对散货和整箱两种不同的情况进行调度⑤。江小国（2006）认为，第四方物流除了具有第三方物流的功能以外，还具有其自身更大的功能：第一，供应链管理功能：即从货主、托运人到用户、顾客的供应全过程的管理；第二，业务一体化功能：即负责管理运输公司、物流公司之间在业务操作上的衔接与协调问题；第三，供应链再造功能：即为了增加市场份额、销售收入，增强竞争力优势，供应链集成商根据货主或托运人在供应链战略上的要求及时改变战略战术，使其经常高效地运作⑥。

5. 物流动态联盟

---

① Vanheok Remkol：The Purchasing and Control of Supplementary Third-Party Logistics Services. Journal of Supply Chain Management，2000（4），pp. 24-29.

② 刘铁钢：《我国第三方物流的发展现状与运作模式探讨》，载《湖南经济管理干部学院学报》2005 年第 1 期。

③ 蒋鹏：《企业自营物流与第三方物流运作模式的研究》，载《中国商贸》2009 年第 6 期。

④ Hoong C. L：An Intelligent Brokering System to Support Multi-agent Web-based 4th-party Logistics. 14th IEEE International Conference on Tools with Artificial Intelligence，2002（11），pp. 235-239.

⑤ Tyan J. C：An Evaluation of Freight Consolidation Policies in Global Third Party Logistics. Omega. Oxford，2003（6），pp. 55-56.

⑥ 江小国：《论物流业运作模式的优化升级——我国发展第四方物流的思路探讨》，载《沿海企业与科技》2006 年第 4 期。

王小丽等（2000）认为，动态联盟是一个实际上不存在的企业，只是为了实现某一目标，加强供应与销售的联系而形成的。同时，动态联盟又反映了一种新兴的产品生产模式，它能快速有效地抓住稍纵即逝的市场，将原本分散的技术资源、人力资源和管理资源迅速集成一个高速快捷的生产系统[1]。王贵强等（2009）认为，现代物流产业的发展趋势就是要形成物流合作伙伴的动态联盟，与客户在某种层面上建立起伙伴关系、战略联盟关系的物流服务，注重客户物流体系的整体运作效率与效益，联盟中的各成员集中了面对市场机遇的全部资源，充分理解、信任和合作，优势互补，风险分担，利益共享。机遇一旦消失或合作已告完成，联盟即行解体[2]。

对于企业应该选择何种运作模式，要根据外部决策因素和内部决策因素进行分析。外部决策因素包括外部物流资源的供给状况、环境法规与政府管制、技术环境、经济环境和意识环境；内部决策因素包括企业的核心能力、物流在企业中的地位、企业拥有的物理资源、企业成本控制要求、企业的规模和实力等。无论选择哪一种运作模式，都要以降低企业成本和减少资本投资为目的，以适应企业的发展为原则。

四、关于物流产业耦合理论的研究

（一）耦合理论的研究

耦合是指两个或两个以上的电路元件或电路网络的输入与输出之间存在紧密配合与相互影响，并通过相互作用从一侧向另一侧传输能量的现象；概括地说，耦合就是指两个或两个以上的实体相互依赖于对方的一个量度。耦合理论一般用于通信工程、软件工程、机械工程等领域，但是许多学者也将耦合机理应用于经济与管理领域中，认为耦合是指两个或两个以上的系统或运动方式之间，通过各种相互作用而彼此影响以至联合起来的现象，是在各子系统间的良性互动下，相互依赖、协调、促进的动态关联关系。

在城市化与生态环境的耦合机制中，黄金川、方创琳（2003）认为，

---

[1] 王小丽、周旭东、张文杰：《动态联盟——21世纪物流管理新模式》，载《物流科技》2000年第2期。

[2] 王贵强、苟烨、齐继东、李福奎、马妍：《物流动态联盟管理研究》，载《物流科技》2009年第10期。

把城市与生态环境两个系统通过各自的耦合元素产生相互作用彼此影响的现象定义为城市—生态环境耦合，采用代数学和几何学两种方法对环境库兹涅茨曲线和城市化对数曲线进行逻辑复合，揭示出区域生态环境随城市化的发展存在先指数衰退、后指数改善的耦合规律①。马利邦等（2010）认为，分析城市化的过程就是不断利用和改造生态环境的过程，该过程正在或即将对周围生态环境造成一定的影响。城市发展对生态环境产生一定的胁迫作用，生态环境对城市发展又起到约束作用，城市化与生态环境之间存在胁迫与约束的耦合机制②。

在集成创新系统的耦合机理中，李文博（2009）认为，把集成创新系统理解成各子系统（耦合元素）动态耦合而成的一个复杂系统，其具体构件为：技术集成子系统、战略集成子系统、知识集成子系统和组织集成子系统③。王福涛等（2009）认为，创新集群是简化的国家创新系统，其演化对经济发展有重要影响，而集聚耦合是指市场集中、产业地理集聚、技术创新聚集这三种不同类别的集聚形态之间存在相互依赖、相互作用、彼此影响的关联④。

在技术管理与技术能力的耦合机制中，郝生宾等（2008）认为，技术能力和技术管理能力作为技术创新系统的两个能力子系统，彼此之间通过相互作用、相互带动，能够产生协同放大的效应，所以可以认为企业技术能力和技术管理能力之间存在着耦合关系⑤。吴伟伟等（2009）应用对81家企业的调查数据进行了实证分析，研究结果表明：技术管理与技术能力是相互耦合的关系，技术管理与技术能力是以双螺旋形式相互耦合的⑥。

---

① 黄金川、方创琳：《城市化与生态环境交互耦合机制与规律性分析》，载《地理研究》2003年第2期。
② 马利邦、牛叔文、李怡欣：《甘肃省城市化与生态环境耦合的量化分析》，载《低碳生态城市研究》2010年第5期。
③ 李文博：《企业集成创新系统的深层耦合机理及其复杂性涌现》，载《科技进步与对策》2009年第5期。
④ 王福涛、钟书华：《集聚耦合对创新集群演化的影响研究》，载《中国科技论》2009年第3期。
⑤ 郝生宾、于渤：《企业技术能力与技术管理能力的耦合度模型及其应用研究》，载《预测》2008年第6期。
⑥ 吴伟伟、梁大鹏、于渤：《技术管理与技术能力的双螺旋耦合模式研究》，载《中国科技论坛》2009年第11期。

在产业链的耦合机制中，刘志坚（2007）认为，产业链的耦合效益不仅体现在合作企业层次上的价值创造（增值）上，而且体现在整个链条（网）的"集群价值"上，如由于产业链的耦合效应，企业分工合作、资源互补获得规模经济和范围经济，形成了区域共同品牌，提升了整个产业的竞争力，而这些最终又促进了合作企业利益的提高①。吕乃基（2009）从全球产业链的视角出发，认为类似于自然界中的生态，各国按其在产业链上的不同位置也构成了某种生态，彼此间形成或强或弱的功能耦合关系。在一个系统中，一个子系统的输出就是其他子系统的输入，而其他子系统的输出，又正好是该子系统的输入。各子系统的功能彼此间耦合②。

（二）物流产业与耦合的研究

在资源型企业物流与城市物流耦合方面，沈鹃（2005）认为，资源型城企物流耦合系统是将资源型城市和资源型企业中物流属性和物流功能相同部分归类、整合而成的大系统③。曹明秀等（2007）利用系统动力学的方法，研究了耦合后系统的主要因素和子系统之间以及外部环境的关系，最终体现为资源型企业物流系统服务的提供和资源型城市的物流需求④。

在物流产业创新耦合体系中，张治河（2006）认为，物流业务的形成、运作和完成不是物流企业单方面的事情，是物流企业（物流供给）、物流需求、物流中介和物流环境有机结合，相互促动、弥补、支持的互补结合体，结合体中的每一方都是物流业务不可缺少的一部分⑤。崔晓迪等（2008）物流业务耦合系统各主体本身能够与环境，以及其他主体进行持续不断的交互作用，从中不断地"学习"或"积累经验"、"增长知识"，并能够利用积累的经验改变自身的结构和行为方式，以适应环境的变化以

---

① 刘志坚：《基于循环经济的产业链耦合机制研究》，载《科技管理研究》2007年第7期。

② 吕乃基：《金融危机之"危"与"机"——基于全球产业链与功能耦合的视角》，载《河南社会科学》2009年第2期。

③ 沈鹃、何世伟：《城市物流货运枢纽需求预测及规划方法研究》，载《沿海企业与科技》2005年第2期。

④ 曹明秀、关忠良、穆东、卞文良：《资源型城企物流耦合系统的系统动力学模型及其应用》，载《物流技术》2007年第10期。

⑤ 张治河、胡树华：《产业创新系统模型的构建与分析》，载《科研管理》2006年第2期。

及与其他主体的协调一致，并能促进整个系统发展、演化或进化①。

在产业集群演化与物流业发展的耦合分析中，刘东林等（2006）认为，集群组织的物流资源分散在各个领域中，并被众多的组织所控制。各类组织的物流资源和能力都存在着很大的异质性，每一类组织因其资源基础不同而造成服务能力上的千差万别，因此，要实现社会物流资源和能力的充分共享，必须从组织层面上进行协作②。

刘雪妮等（2007）认为，物流园区的产生为区域内的集聚产业提供专业化的服务，吸引了企业进一步集聚；随着运输成本的进一步降低和物流网络的发展，物流产业推动制造业集聚向扩散发展。另一方面，随着制造业集聚的发展，对物流专业化、集约化、规模化和现代化的要求也越来越高，促使物流产业不断提升服务水平，赢得发展机会③。

在区域物流供需耦合方面，张培富（2000）认为，只有当区域物流供给、物流需求、物流环境子系统等处于协调状态，才能保证整个耦合系统持续不断地向有序状态转化④。姜克锦等（2008）认为，区域发展过程中产生的物流供给、物流需求和物流环境系统相互关联、相互作用、相互制约，耦合而成复杂大系统。系统中总是存在着种种矛盾，种种不协同的现象。只有不断进行协调、调节，才能保持系统之间的动态平衡协同发展关系⑤。

五、已有研究存在的不足

上述研究成果无疑为本书的研究奠定了良好的基础。但已有的研究在以下几方面尚需要进一步深入探讨：

（1）国内产业集群物流研究在引进、吸收国外物流发展经验的基础

---

① 崔晓迪、穆东、王耀球：《基于客户需求的物流业务耦合系统的研究》，载《北京交通大学学报》2008年第2期。

② 刘东林、王春香：《供应链整体绩效的模糊综合评价》，载《物流技术》2006年第4期。

③ 刘雪妮、宁宣熙、张冬青：《产业集群演化与物流业发展的耦合分析——兼论长三角制造业集群与物流产业的关系》，载《科技进步与对策》2007年第9期。

④ 张培富、李艳红：《技术创新过程的自组织进化》，载《科学管理研究》2000年第6期。

⑤ 姜克锦、张殿业、刘帆汶：《城市交通系统自组织与他组织复合演化过程》，载《西南交通大学学报》2008年第5期。

上,侧重于含义、原理、基本理论的探讨和物流规划方面的研究。虽然产业集群物流在宏观层面、区域层面的研究受到一定重视,但由于没有从总体上对区域物流发展进行统筹规划,国内企业、地区分割现象严重,进而影响了产业集群物流运作的研究角度,致使产业集群物流运作研究的实用性和可操作性都相对较差。

(2)缺乏产业集群物流运作的动因与过程研究。产业集群物流系统同其他经济系统类似,也因为自身的特殊性而具备特殊的运作规律,这也决定了产业集群物流运作的生命周期发展阶段及其发展趋势。目前关于产业集群物流研究缺乏路径与过程的理论指导,无法从根本上寻找到产业集群物流产业的发展动因和确切表现,致使在产业集群物流发展过程中,明确产业集群物流发展目标、优势和重点、综合评价产业集群物流经济效益等研究和实践,难以高效展开和解决。

(3)需要对产业集群物流运作系统的构建和运作模式进行研究。学者们针对这部分的研究主要是集中在广泛意义上的产业集群物流运作模式,针对其运作模式的研究虽有,但内容趋同,往往是从宏观角度进行抽象分析,缺乏对产业集群物流运作模式的设计与分析,以及具体研究产业集群物流运作模式及其模式的选择模型。

第三节 本书研究的内容与方法

一、研究内容

本书主要进行了以下几个方面的研究:

第一章主要分析了时代的发展趋势,提炼出书中所要探索的内容,结合实际的发展和应用,表明研究的内涵和重要意义,紧接着探索国内外的研究过程和理论成果,结合这些内容形成自己的研究方向和方法。

第二章主要说明了本书所探讨的基于产业集群的物流系统基本理论,在引入产业集群物流的概念基础上,结合物流行业的特点,分析比较了产业集群物流和区域物流,找出二者之间的异同和联系,并以产业集群理论、物流产业理论、博弈论、信息资源管理理论作为本书研究的理论基础。

第三章首先分析了基于产业集群的物流系统的物流需求,从需求动因出发,分析不同阶段下物流产业集群的物流需求,在此基础上描述基于产业集群的物流系统运作要素，包括物流系统知识整合能力、网络化程度、创新能力，并分别从实体结构设计、信息网络结构设计、经济网络设计三方面对物流系统进行结构设计。

第四章对基于产业集群的物流系统运作的过程进行了分析。本章阐述了基于产业集群的物流系统发展的动力机制、运作的过程。首先对基于产业集群的物流系统发展的动因进行分析，并从理论角度予以阐释，接着探讨物流系统的运作路径，描述基于横向整合和纵向整合的物流系统运作博弈过程。

第五章提出基于产业集群的物流系统运作模式——第三方物流企业协同运作模式、动态供应链战略联盟模式和跨区域虚拟物流协同运作模式，并分别分析了每种模式各自的内涵、流程及其关键的影响因素，构建了基于产业链整合的产业集群物流运作模式评价指标体系以及评价流程，最后针对评价指标体系，运用模糊评价法构建了选择评价模型。

第六章主要研究分析了基于产业集群的物流系统支撑体系。从物流主体、物流客体和物流载体角度划分，在分析物流主体、物流客体和物流载体要素的基础上，分别探讨其支撑体系的构建策略。

第七章以晋江市产业集群的物流运作系统为例进行案例分析。首先介绍了晋江产业集群物流运作现状，分析了该区域产业集群物流运作系统的构建与运作模式，最后对该区域产业集群物流运作系统进行了总结分析并得出了结论：在提高产业集群内物流运作效率，优化物流运作系统的过程中，应积极培育第三方物流企业、大力推进物流信息网络建设并加大力度培养吸引物流人才。

第八章主要是站在整体的角度，总结出本书的研究结果和最终结论，并且对以后的发展趋势提出一定展望。

图1-2是本书的主要框架。

二、研究方法

本书采取的研究方法主要有：

（1）文献评述法。

主要是通过对国内外研究的现状进行分析，发现已经成熟的相关理论成果和先进的研究思路，同时也发现之前的研究存在的问题，结合当前的社会发展，提出本书的主要研究方向和相关的理论依据。

产业集群物流系统的研究涉及的内容比较多，同时也是多类学科的融

第三节 本书研究的内容与方法

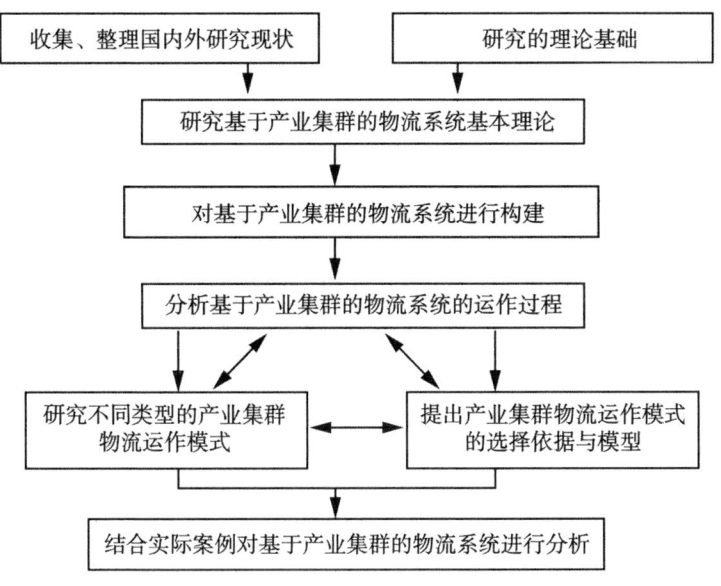

图1-2 研究框架

合,本书在研究时,也是采用多种理论相结合,应用博弈论、物理系统理论、信息资源管理理论等分析研究基于产业集群的物流系统构建与运行的理论基础,从而探寻系统的模型与模式。

(2)系统分析法。

采用整体的思想,有逻辑地对问题进行分析,用系统分析法,有层次逻辑地一步一步地进行研究和分析。

(3)因果分析与模型分析法。

因果分析法在应用中一般比较常见,因为这种方法一般具有很强的说服力,有因有果,因果合理科学,同时也使人们容易理解和接受。本书在对产业集群物流系统进行分析的时候就应用了因果分析的方法。

通过建立相关的模型来进行观点的阐述和分析,也是本书的一大亮点。如对产业集群的物流系统运作过程的分析、运作模式的探讨等。

(4)定性与定量相结合的研究方法。

在问题的研究过程中,一般既要有定性分析也要有定量研究,这两种方法各有自己的使用范围和优势、弊端,因此,把两者结合起来使用,才能为基于产业集群的物流系统的研究提供更加有力的支撑。任何一个问题的探索，都需要以事实为基础，科学理论为人们研究提供的支撑。同时，研究的问题和所处的环境是时刻变化的，具有一定的不确定性，这要求在探讨中也要结合人们的经验和相关的知识。在基于产业集群的物流系统的研究中，不仅有定性判断，而且也有相关的定量测算。

（5）理论结合实际。

本书以理论分析为基础和依据，以具体企业的经营发展为实例对基于产业集群的物流系统构建与运行进行实证研究，以提高研究结论的现实指导意义。

第二章　基于产业集群的物流系统概念及相关理论

第一节　产业集群物流的概念及其内涵

一、产业集群物流的概念

集群主要是指行业在某一地区的聚集，这是一个不断变化的过程。同时相对而言，产业集群物流有更广泛的定义和适用范围，和企业物流不同的是，这种集群物流主要从事的是各个企业之间的合作和交流，主要整合和研究一些物流系统，主要包括，从采购原材料开始，到相关物品送到最终需求者的运输方式、配送模式和集散一体化的过程，还有所需的商品送到最终客户整个过程的流通，之外还研究一些能够促进企业之间经济发展，形成规模经济的适合的物流系统。在构筑产业集群物流学科理论体系方面，涉及领域较多，既要促进物流合理化，也要从社会经济可持续发展的角度考虑减少交通阻塞、大气污染、能源浪费、停车场不足等诸多的社会问题。

二、产业集群物流分类

从原材料的输入到产品的输出，物资在集群内部企业之间及集群之间的流动过程见图2-1。

如图所示，集群外部的原材料通过集群原料配送中心分送到集群内部，而集群内部物资在经过一系列集群内部企业间的处理加工后，成为集群的产品通过集群产品配送中心对外输送。因此，根据集群物流的内容及目的地差异可以将集群物流划分为供应物流、生产物流、专业市场物流及展会物流等类别。

1. 供应物流

供应物流指从集群外部输入原材料的物流需求。在这一概念中，所流

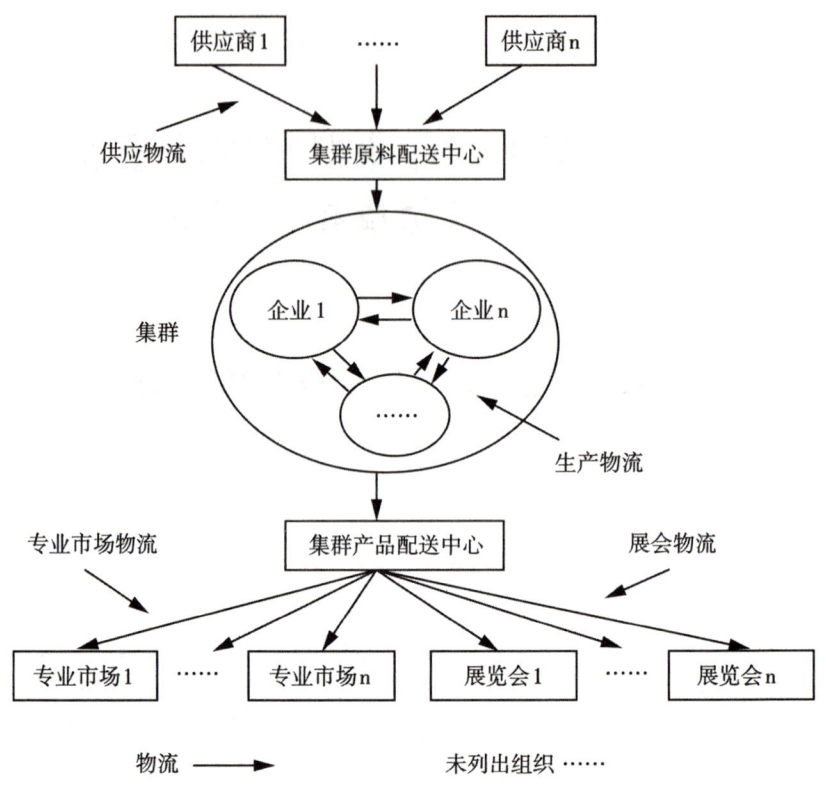

图 2-1 集群物流流程图

通的物资都是从集群外部所输入的集群生产原料。

2. 生产物流

在集群内部,通过对外部输入的原料进行初级加工、深加工,而生产出最终产品。所以,生产物流指集群内部生产过程中所产生的物流需求。如对原料的搬运、储存、流通加工等。

3. 专业市场物流

从我国的现实来看,各产业集群的产品大部分借助与产业集群相衔接的专业市场进行销售。因为集群与专业市场分布在不同的地理区域,所以要进行物流物资流通,即专业市场物流。更具体地说,专业市场物流指集群要将生产出来的产品输送到各专业市场,并送达最终消费者手中的物流。

4. 展会物流

展会方式受众地域范围宽广,产品相关度高,与其他广告形式相比费用低廉,同时展会上可以直接接单。所以展会是企业、集群尤其是中小企业展示自己产品的最佳舞台。而展会物流就是指集群为各种展览会布展需要而产生的物流需求。如果参加本地展会,企业、集群的物流操作还较容易进行;如果参加异地展览,则对物流服务提出了相当高的要求。

以纺织产业为例,纺织产业的发展不仅需要与上游的供应商紧密联系,也需要经销商和零售商之间的配合,这样才会形成稳固的供销渠道,促进产业的发展。而专业市场交易平台是中国国内纺织品服装比较重要的销售渠道,但是,由于行业竞争的激烈程度,也需要纺织业不断进行创新发展。

当前中国纺织产业遇到成本上升、劳动力欠缺、汇率升值、出口退税率降低等压力,促使中国纺织企业重新调整自己的市场策略,摆脱价格竞争手段,重视在流通环节压缩成本,在生产环节提高产品附加值,提高对市场需求的反应速度,在贸易链上谋求向增值供应商转型。

第二节 产业集群物流与区域物流的区别

产业集群物流与区域物流有着很大的相似点,二者相辅相成,相互融合,共同促进和发展,二者之间主要有以下这些类似的地方:所关联的企业和机构范围较广、强调企业之间的紧密联系、非正式网络性、有一定的地域性、技术和知识的流通顺畅和充分共享、需要不断进行创新发展和研究等。它们之间的不同之处主要有以下几个方面,如表 2-1 所示:

表 2-1　　　　　　　　产业集群物流与区域物流的区别

项　目	产业集群物流	区域物流
机构稠密	除了集群的企业之外,还包括很多的机构	涉及的机构更多,范围更广
地域范围	产业的范围和规模比较大,但是一般集中在同一地区和城市	突破地域的限制,有更广泛的发展范围,是多个城市之间的合作和交流
协作性和竞争性	各个企业之间共同发展,协作竞争	受到相关政策的影响,更强调企业之间的协调性和共同合作、发展
规模	较大	很大
利益分配	协同竞争分配	政策性分配

由表 2-1 可以看出，产业集群物流和区域物流二者是不同阶段发展的不同产物。随着经济的增长和社会的发展，越来越多的企业挤进物流市场，因此竞争的加剧就迫使企业不断进行创新，形成自己的核心竞争力，而且同时，仅仅依靠单独的物流企业的聚集并不能适应市场的需求。这时候就需要其他相关产业的合作和支持，同时，物流企业间也要加强联系、交流与合作，当然，这些企业的发展离不开政府的支持、监督和管理。同样，产业的发展不再仅仅局限在同一地区，不再仅仅关注规模问题，而是突破地域限制，发展成为区域物流。二者之间的发展过程如图 2-2 所示：

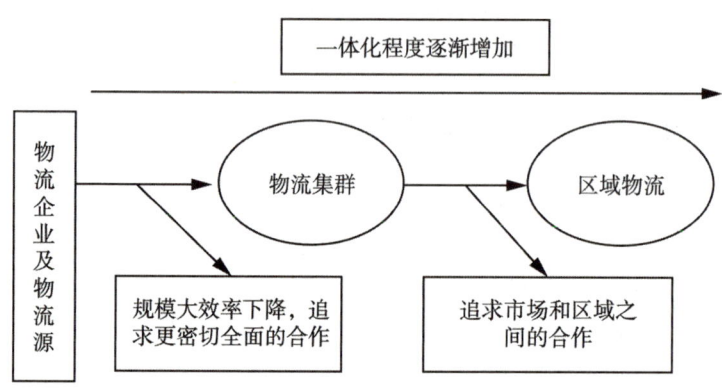

图 2-2 产业集群物流和区域物流的发展过程

第三节 产业集群物流的理论基础

一、产业集群理论

产业集群发展主要开始 18 世纪的后期，之后，国内外有大量的专家学者从不同的角度、利用不同的学科知识进行了各方面的研究，对产业集群经济的发展具有很大的推进作用。具体的发展历程和理论成果如表 2-2 所示：

表 2-2 产业集群理论综述表

产业集群理论	提出者	时间	简述
工业区位理论①	韦伯	1909 年	区域因素和位置因素是影响工业经济发展的主要因素。企业的聚集，能够在一定程度上带动各个企业的发展，增加企业的收入，同时也会降低交易的成本，产业集聚经历了创业自身的简单规模扩张和有效的地方性集聚。同时，韦伯还对工业聚集作了定量的研究，等高运费曲线是其有力的分析工具
区域生产综合体理论②	科洛索夫斯基、涅克拉索夫等	20 世纪 30 年代	这个理论是一种典型的自上而下的主要由政府驱动的产业集群，一些具有专业化特征的企业是产业集群的主要对象，这类企业能够利用强大的资源优势发展业务，但是这种模式下，也会造成产业发展缺乏灵活性，遏制了创造性的发展方式，成本的增加对企业的盈利产生了影响。一些微观主体慢慢就会丧失主动性和积极性。因此地域生产综合体还不能算作是真正意义上的产业集群
增长极理论③	佩鲁	1950 年	这种理论模式，主要是利用核心企业的资源优势，市场地位、影响力和占有率，来带动企业产业的发展。利用关联效应和波及效应，带动经济的发展，吸引更多的客户和一些企业投资聚集，从而促进整个产业的发展。增长极经济的形成具有一定的历史条件、技术及资源优势基础，增长极的中心一般是那些自然资源比较丰富，地理位置优越、人才集中的地区。它可以利用自身的优势带动整个地区经济的发展

---

① 韦伯：《工业区位论》，李刚剑译，商务印书馆 2009 年版。
② 转引自魏守华、王缉慈、赵雅沁：《产业集群：新型区域经济发展理论》，载《经济经纬》2002 年第 2 期。
③ 转引自安虎森：《增长极理论评述》，载《南开经济研究》1997 年第 1 期。

续表

产业集群理论	提出者	时间	简　述
产业综合体理论①	艾萨德	1959年	产业综合体可以看成是在某一特定区域范围内的企业之间由于买卖关系而形成的紧密联系，这些联系包括资金方面、采购、配送、商品流通、信息交流等过程。按照产业综合体的发展路径来说，它也会出现动态的变化，起初，产业综合体会自我加强，但发展到一定阶段，将会由于区域内要素价格特别是土地价格变动引发区域要素市场的激烈竞争，削弱综合体的创新能力和协同竞争力，从而产生不利于综合体发展的结果
循环因果积累论②	缪尔达尔	1944年	各种社会经济因素之间相互作用、共同联系、相互促进，才形成了一个变化的经济过程。不管什么原因，一旦某种新的工业在某一优势区域建立起来，就会发生连锁的回流效应和扩散效应，发生不平衡的区域增长。但是这个理论忽略了政府在地区经济发展中的重要作用。当区域经济发展不平衡的时候，政府会使用一定的经济手段来加以调控，或缩小不平衡，或加强不平衡状态

---

① 转引自李凯、李世杰：《我国产业集群分类的研究综述与进一步探讨》，载《当代财经》2005年第12期。

② 转引自李双元、王征兵：《循环积累因果原理与我国农业国际竞争力》，载《经济问题探索》2005年第3期。

续表

产业集群理论	提出者	时间	简　述
产业聚集最佳规模论①	胡佛	1948年	任何一种产业的规模经济都有可以达到最大值的规模，可以分别看作区位单位最佳规模、公司最佳规模和集聚体规模。胡佛的产业聚集最佳规模论的主要贡献，在于提出了产业集聚存在一个最佳规模。具体讲，就是如果集聚企业太少或规模太小，则达不到集聚能产生的最佳效果；如果集聚企业太多或者规模太大，则可能由于某些方面的原因使集聚区的整体效应不升反降
产业累积论	奥吉斯特·勒施	20世纪60年代	产业集积可以分为点状集积和屏面集积两种。根据产业不同，产业集积可以分为同类产业的企业集积和不同产业的集积两种。勒施认为经济区表面上分布是紊乱的，实际紊乱中存在着秩序
城市聚集经济论②	巴顿	1976年	产业的地理聚集有利于熟练劳动力、经济、企业家的发展；与同类企业地理集中进一步相关联的经济效应是劳动力集中和就业制度的相适应；产业的地理集中能很大程度上刺激企业进行改革和创新；产业的地方聚集有利于企业、供货商、客商之间建立广泛的沟通与交流，并在知识、信息的传播中了解市场动态、产业发展趋势和产业创新点，从而有利于企业创新发展

---

① 转引自黄曼慧、黄燕：《产业集聚理论研究述评》，载《汕头大学学报》（人文社会科学版）2003年第1期。

② 转引自冯云廷：《城市聚集经济》，东北财经出版社2001年版。

续表

产业集群理论	提出者	时间	简　述
产业区理论①	马歇尔	1890年	一些单个企业由于经营的种种原因，不能形成规模经济，然而他们有可能通过和其他的企业之间的合作形成一定的规模经济，也就是外部规模经济。马歇尔通过研究，发现产业集群可以促进外部规模经济的形成和发展。产业集群是因为外部规模经济所致
新经济地理论②	克鲁格曼	20世纪90年代	核心思想是报酬递增、运输成本与要素流动之间相互作用所产生的向心力促使核心与外围的产业集聚模式的演变和形成，劳动力的灵活性是新经济理论形成的关键
新产业区理论③	皮埃尔赛博等	20世纪70—80年代末	在西方许多老工业区出现了大量的衰亡和退出，而美国的硅谷和德国、意大利等地方却呈现良好发展势头的背景下，一些学者发现，这些地区中小企业在产业区域聚集成长，人们将基于中小企业既竞争又合作的有效的产业网络，称为产业区。新产业区的竞争优势来源是劳动力市场网络和企业网络
基于交易费用的集群理论④	科斯，威廉姆森，克斯特等	1973年、1975年、1985年等	这个理论主要说明了内部环境和外部环境的双重作用决定了企业的空间特征。他们提出了可以通过交易的不确定性、交易频率和资产专业性这三个维度来确定相关的经济活动的制度机构。产业集群作为一种多变、混合的组织结构，在三个维度都处于中间水平时，这种模式是最合适的，所产生的效果也最佳

---

① 马歇尔：《经济学原理》，张桂玲、黄道平译，中国商业出版社2009年版。

② 转引自段学军、虞孝感、陆大道等：《克鲁格曼的新经济地理研究及其意义》，载《地理学报》2010年第2期。

③ 转引自高云红：《经济地理学研究中的产业集群》，载《地域研究与开发》2007年第5期。

④ 科斯·罗纳德：《企业的性质》，盛洪主编：《现代制度经济学》，北京大学出版社2003年版。

续表

产业集群理论	提出者	时间	简　述
基于新竞争经济学的集群理论	迈克尔·波特	1986年	迈克尔·波特是这个理论的领军人物。产业的竞争力，对国家经济的影响是很大的，产业的竞争力会在某种程度上决定着一个国家的综合实力和国际地位。但是他所说的这种竞争力形成的基础是产业中企业之间的交流与合作，并不是所谓的国内竞争。因此，在一个国家内建立"钻石模型"是很有必要的
社会经济网络理论[1]	伊丽莎白鲍特	20世纪60年代	社会的外部环境，像一些产业文化和政治制度，经济水平等社会因素会对产业的发展模式产生影响。企业内部形成良好的行为习惯和维持过去的关系网络，可降低交易的成本，高效地进行企业的经营和发展，最终形成产业集群的组织水准
区域创新网络理论[2]	区域创新环境学派	20世纪90年代	在1995年左右，很多的专家学者开始在研究中考虑产业创新，他们认为企业之间不断地进行创新研究才最终形成产业集群。这种理论就是我们所说的区域创新网络理论。区域创新环境学派和区域创新系统学派是这个理论最重要的两个分支

二、博弈论

(一) 博弈及博弈论概念

博弈其实是一种主体之间的决策过程。这个主体可以是个人与个人之间，也可以是各个企业之间，或者国家与国家之间。博弈的过程其实也是

---

[1] 转引自张乐天：《社会工作概论》，华东理工大学出版社2005年版。
[2] 转引自池仁勇：《区域中小企业创新网络的结点联结及其效率评价研究》，载《管理世界》2007年第1期。

一种战略的选择，决策双方是相互依存的对抗关系。博弈论主要研究的就是如何使博弈出现均衡状态。博弈论最早形成于1944年。形成的标志是冯·诺伊曼和摩根斯坦的《博弈论和经济行为》的出版，然而，博弈论真正的发展是在六年之后，约翰·纳什关于非合作博弈论的论文的发表使博弈论得到了快速发展。

主体之间是否合作是博弈的两种主要形式。在博弈之前，主要两个主体之间通过某种约定，达成了一定的协议，这种博弈方式就是合作博弈；如果二者之间在完全不联系和沟通的情况下就行决策，就是非合作博弈。合作博弈其实就是决策双方在完全理性的情况下，作出的比较公平、公正的决策，这种决策一般来说会使团队之间形成最优决策。但是相反而言，非合作博弈的一般决策主体都是考虑自己的利益，所作决策最大可能地满足自己的利益，这种决策方式，更多地表现为个人理性，这种情况下，决策的结果是否高效就不能确定了。所以非合作博弈是博弈论研究的重点。

（二）博弈的基本要素

从博弈的基本概念中就可以发现，主体、决策、行为、结果、均衡等是博弈的关键名词。参与者、策略、收益是我们描述一个博弈过程最基本的要素，当然博弈过程的形成也离不开信息的支撑。

（1）参与者：在博弈过程中，这些参与者主要是通过选择合理的战略作出决策，当然这种决策一般都是以自己的利益最大化为目标导向。由于博弈主体的数目不同，可以把博弈分为单方博弈、双方博弈和多方博弈。

（2）行动：主要是指决策主体在决策节点上的变量。博弈的结果也会受到决策主体行动顺序的影响。决策主体的行动可能是无间断的，但是也可能是间断的。根据决策主体行动的顺序可以分为静态博弈和动态博弈。前者主要是说参与者完全不知道对方在做什么，在完全不知情的情况下作出选择。后者主要是说在进行决策之前，其中一方参与者已经了解了对抗方的行动状态。

（3）信息：主要是指决策主体对博弈相关知识的了解程度。信息是否完全和信息是否完美这两种情况形成了四种信息结构。完全信息博弈是参与者在博弈过程中无论在哪种情况下所得到的结果都是确定的。反之，就属于非完全信息博弈。当参与者对其他人的状况有完全的了解，掌握决策的各种信息和结果，这种情况下就属于完美决策。博弈信息的完美性和完全性之间有一定的关系，非完全信息博弈一定是非完美博弈，但是完全信息博弈并不一定就是完美博弈。

（4）策略：是参与者选择战略的过程。参与博弈的主体在不同的情况下要采取不同的行动，同时也要遵守一定的规则。策略和行动是两个不同的概念，策略侧重的是一种规则。

（5）结果：就是参与者作出决策的各种行动组合。

（6）收益：在博弈的结果中，不同的行动组合得到的结果是不一样的，各个主体得到的效用也是不一样的。收益可能是积极的，也可能是消极的，一般来说主要有以下两方面的含义：一方面是参与者实际得到了效用水平，另一方面是参与者的期望水平。在博弈中，参与者的收益不仅受到自身决策的影响，而且还受到其他博弈主体的影响。换句话说，参与博弈的主体之间是相互影响的，一个主体决策的变化会影响到其他人的收益。

（7）均衡：一种对所有参与者而言的理想状态。参与主体作出的决策会受到其他人策略的影响，是根据其他人的决策状态作出自己最优的反应。参与者的博弈的结果和主体本身的能力、对信息的把握和自己的策略有很大的关系。表2-3是博弈的四种类型（由信息结构和行动的顺序不同所分的）。

表 2-3　　　　　　　　　　**博弈的分类及其对应的均衡**

程　序＼信　息	完全信息	非完全信息
静　态	完全信息静态博弈 纳什均衡①	非完全信息静态博弈 贝叶斯纳什均衡②
动　态	完全信息动态博弈 子博弈精炼纳什均衡③	非完全信息动态博弈 精炼贝叶斯纳什均衡④

---

① 转引自施锡铨：《博弈论》，上海财经大学出版社2000年版。
② 转引自施锡铨：《博弈论》，上海财经大学出版社2000年版。
③ 转引自丁占文：《子博弈精炼纳什均衡非均衡路径极小极大化精炼法》，载《系统工程理论与实践》2001年第8期。
④ 转引自施锡铨：《博弈论》，上海财经大学出版社2000年版。

三、物流产业理论

(一) 物流产业定义

《中国现代物流大全》指出:"物流产业是指铁路、公路、水路、航空等基础设施,以及工业生产、商业批发零售和第三方仓储运输及综合物流企业为实现商品的实体位移所形成的产业",物流产业的支柱是一些基础设施,像水、陆、空等运输轨道,还有一些信息查询和交换平台。当然这个产业中也包含着最重要的一些供应商、制造商、批发商和零售商、物流公司等主体企业。在物流产业的运营中,会牵涉到很多的相关企业,各个企业之间的密切联系,有效地沟通和信息流通是物流产业正常发展的前提,企业之间互相合作可以降低企业运营的成本。在这个产业中,企业之间实现资源的共享和人才的交流。丁俊发(中国物流与采购联合会副会长)在有关物流产业的阐述中,表示:物流产业,作为一种聚集型的产业,它可以使资源得到有效的整合和利用,在各个企业中,所拥有的自然资源和人力资源并不是简单的相加,在物流产业中,资源可以达到充分共享和高效利用,最终给企业带来更大的效益。

(二) 物流产业构成

产业结构受到很多方面的影响,最主要的就是社会分工的发展。随着时代的发展和社会的进步,产业正在不断地形成,即使已经形成的产业也在逐渐地发生变化和转变,因此,产业结构受到这些因素的影响,也在逐步地优化。结合我国的实情,物流产业结构主要由以下几个方面构成:

1. 物流基础产业

基础产业主要是为货物的运输和配送等活动提供一些基础设施,主要由一些物流节点,水、陆、空等运输轨道构成。这个产业中主要包含运输业、仓储业等行业;主要有港口、码头、机场、车站等一些物流设施。在这个产业中,各个行业之间紧密联系、相互配合,使资源充分共享和高效利用。

2. 物流装备制造业

这个产业是在传统的物流装备制造业的基础上不断创新和发展的结果。这个产业利用现代先进的技术和设备不断地发展物流系统装备,提高了生产的效率,节约了经营的成本。该产业大致由一些产业构成:汽车制造业、铁路货运制造行业,还有一些搬运设备生产行业、集装箱生产行业轮船制造业。

3. 物流信息业

随着互联网时代的到来,信息技术在各个产业中都发挥着举足轻重的作用,在物流行业中也是如此。物流信息业结合互联网技术、通信技术,共同应用在物流行业中。信息网络技术在发展物流行业中,发挥着很大的作用。这种技术的发展和应用,可以使上下游企业之间及时地进行沟通和了解,使企业可以准确把握市场发展的趋势,跟踪货物的动态,这样可以促进企业的发展,获得更大的利益。所以,现代化的信息管理是物流发展的基础。

(三) 物流产业的特征

1. 生产和消费是相互联系的,具有不可分离性

这种不可分离性对物流产业有关价值链的构成有很大的影响,而且由于这一特征的存在,物流产业就不能清晰地分离出生产和销售的环节,当然制造业是可以清楚区分的。一般来说,物流产业的各个活动环节都可以用前台活动和后台活动来涵盖,具体如图2-3所示。

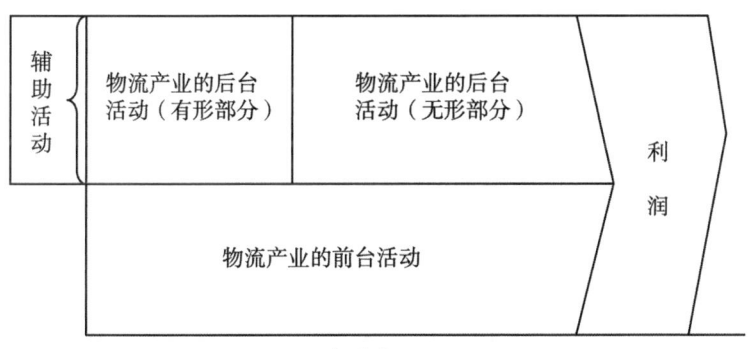

图2-3 物流产业的价值链

2. 交易过程中信息不能充分共享

在买卖交易中,由于信息的不对称,顾客在购买物流服务之前,不能从已有的信息中确定企业提供物流服务的结果,当客户在购买物流服务之后,就会出现结果和预期存在很大差距的情况。而且,在购买物流服务的

过程中，顾客的状态和情绪也会受到结果的影响，这种结果是不可以改变的。这时人们在进行物流消费时就面临一定的风险。人们在消费时都有一种心理，为了心理的踏实，一般都喜欢在自己熟悉的地方购买物流服务，这样无形中就增加了物流产业的转换成本。除了以上这些，信息的不对称，可以最终导致"败德行为"与"逆向选择"问题的出现，这样会对物流产业的发展造成不利的影响。

3. 衍生性

衍生性也被称为市场根植性。物流需求活动是生产和销售等活动的派生需求，是这些活动的衍生品。它是这些活动之间的桥梁，物流活动可以使生产和销售等环节更有效地连接起来，因此，它们之间的联系非常密切。其他行业的发展促进了物流行业的形成和发展，物流产业对其他产业具有一定的依附性，尤其是一些区域产业。区域产业的发展，就会产生物流需求，从而就促进了物流产业的发展，增加了产业的综合实力，一些物流产业就会慢慢地形成规模经济。不断地进行产业创新，满足市场需求，才能提高物流产业的核心竞争力。

4. 流通加工服务性

流通加工服务主要就是在产品的运输过程中，对产品进行一些简单的操作，例如：分割、组装、做标志等，这样做的目的是使产品便于运输，提供运输的效率，同时对产品也是一种保护，满足顾客的需求，还可以增加产品的一些附加值。配送中心和流通加工中心一般是这些活动进行的主要场所，所进行的加工都是一些比较简单易操作的工序。

5. 物流服务的不可贸易性

由于物流服务不能进行保存和转移，同时生产和消费是紧密联系的，这两个原因的存在，导致物流服务具有不可贸易性。由于一些物流服务的供给者和消费者之间存在较远的距离，时间上的不一致性，导致服务不可贸易。还有一些服务的成本比较高，企业不能很好地盈利，从而造成物流的不可贸易。

6. 物流服务的对象和其他行业相比具有差异性

一些组织机构，例如社会上一些机构和一些工商企业，是物流服务的重要客户。但是，在传统的一些产业中，人是主要的购买者，一些活动都是为人提供服务的。这就是物流服务与其他产业的差异。

7. 物流产业在一定的区域内聚集

这种聚集性主要有以下原因：（1）物流产业的发展和运营需要大量的

人力资源，对人力的需求导致物流产业在劳动力丰富的地区大量聚集。（2）物流产业的发展离不开人们的需求，然而物流需求作为一种引致需求，其发展离不开其他产业的支撑。（3）对物流企业来说，一个完整的生产过程不仅需要一些像水、陆、空运输轨道等基础设施的支撑，而且需要强大的信息系统和通信设备。（4）物流产业的聚集，可以增加彼此之间的竞争力，促使物流产业不断地创新和发展，从而提供有特色的产品和服务，增加核心竞争力。

8. 对人力资本要求的较高性

作为一种服务行业，物流服务中的质量是可以评估的，准时率和物品的完整性是物流服务中主要的衡量标准。为了提高物流服务的质量，就必须要求有一定经验和专业知识的人员进行物流服务，他们具有专业的操作技术，同时也掌握着沟通的艺术，这样才会提供更好的服务满足需求，促进物流产业的发展。

9. 物流服务生产过程具有间断性

物流服务受到市场需求的影响，同时物流服务又不能存储和转移，这样就会造成，一旦需求停止，物流服务的生产活动也就随之中断；物流服务与生产、消费是紧密联系，不能分离的，一旦市场中存在有大量的需求，导致供不应求时，生产就会跟不上，这样物流产业的经营就会受到影响。

四、信息资源管理理论

"网络"这个名词最初产生于工程学和社会学之中，之后不断地进行发展和变化，然后逐渐形成一种网络分析方法，很多的领域研究都用到了这种分析方法。在研究企业之间的物质关系和知识技术交流关系中，应用这种分析方法是最合适不过的了。企业网络理论的分析基础是"资源依赖"，这里的资源依赖比较广泛，包括一些自然资源、人力资源还有一些技术设备等。这个理论认为，一个企业单靠自身的能力是有限的，不借助外界的力量不一定能打破市场的障碍和摆脱束缚。各个企业之间可以实现资源的共享和充分利用，之间的紧密合作可以帮助企业突出重围，获得更好的发展。企业之间合作的结果，是利用网络组织，发展市场，把企业做大做强，开发出更多的业务来满足市场的需求。这种模式避免了传统的各企业之间通过激烈竞争来分割市场。

合作、互助和资源共享是企业网络的本质所在。这种模式增加了企业之间的合作，避免了传统企业所采用的为了占领市场而不断进行激烈竞争的模式。这种企业间的合作模式并不是我们常说的在市场上的绝对公平交易，也不是在企业内部之间的交易，而是处于二者之中。这是以一种新型的方式来研究产业集群，为产业集群的研究提供了新的思路。

科技的发展给人们的生活带来了很大的便利。同样互联网时代的到来，为信息的快速传递和充分共享提供了可能。然而，随着进一步的发展，网格计算技术的出现给人们的生活产生了更大的影响，这种技术，尝试着使所有的资源在企业之间实现充分的共享和高效的利用。它通过整合和连接整个网络，为用户提供随时随地都可以使用这些资源的服务。一般来说，网格能够把所有的信息进行整合，把所有的资源联系在一起，避免了信息的独自存在。同时网格可以实现信息的快速流动和充分共享、高效利用。网格可以使里面的资源进行协调统一安排，并且随着社会的发展而不断更新和转变。网格中计算机对问题解答的过程如图 2-4 所示：

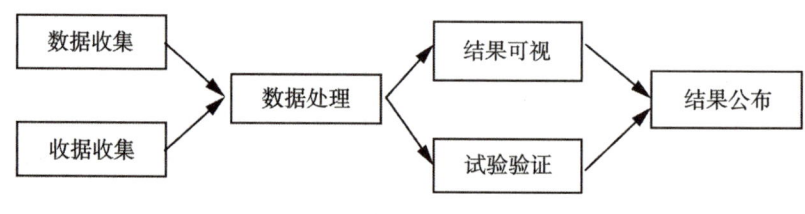

图 2-4　某问题求解过程

以协议为中心的五层沙漏结构和以服务为中心的 OGSA 结构是网格的两个主要结构，后者是继前者之后，到目前为止最先进和最重要的一种形式。

在以服务为中心的 OGSA 网格中，里面所包含的东西都被视为网格服务，所有的网络服务及延伸都被视为网格，网格是这些服务的集合。在网格服务中会有一些接口，这些接口主要用来解决在服务过程中出现的一些问题，例如：服务发现、生命周期管理、动态服务创建、通知。

简单地说，网格服务＝接口/行为+服务数据。

从图 2-5 可知，网格通过网格服务接口或其他接口，来进行服务数据的发送和接收。网格服务接口和其他接口构成网格的虚拟组织，履行网格的管理职能。

第三节　产业集群物流的理论基础

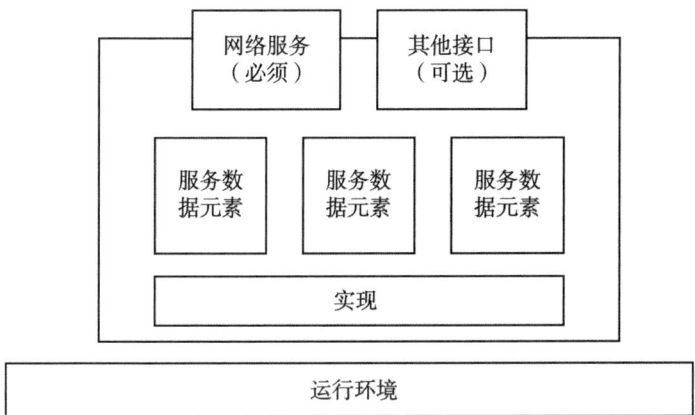

图 2-5　网格服务描述

第三章 基于产业集群的物流系统构建

第一节 基于产业集群的物流系统的物流需求分析

一、基于产业集群的物流系统的物流需求的动因分析

产业集群是大量的企业和一些相关机构在一定空间的聚集，这些企业和机构之间需要物流企业来为此提供媒介。物流需求作为一种引致需求，在企业的生产经营活动中发挥着重要的作用。像一些制造企业和销售企业，他们的经营离不开物流企业的支持。然而，由于一些企业对物流服务的需求不同，例如：有的易碎物品对运输的条件要求很苛刻，或者一些生鲜物品对储存温度有很严格的要求等，这些情况下，就会导致物流服务和功能出现不同，进而使物流服务产生多样化、差异性和层次化等。

有关产业集群的物流需求主要表现在以下方面：第一，由于在产业集群中，产业集群的形成对于任何产业都表现出中性偏好，在产业链中一些生产经营活动可以专业化，也可以进行拆分。在同一条产业链中，上下游联系密切，彼此之间进行沟通和合作，这种活动离不开物流公司提供运输和配送等业务；第二，因为在产业集群中，一些产品的生产要素不能重新配置，这样就会导致最终产品很容易输出，具有一定的可运输性。生产的聚集必然导致原材料和产成品的频繁流动，从而产生对物流的需求。具体的分析如图 3-1 所示。

集群内的企业利用物流系统构建起来的网络关系，可以利用集群内较长久的关系基础建立起快速反应的机制，扩大企业的效率边界；而且，对于单个企业来说，可以利用更多的资源，除了自身的资源之外，还可以和集群内的其他企业之间进行资源共享。由于产业集群的模式，集群内的企

第一节 基于产业集群的物流系统的物流需求分析

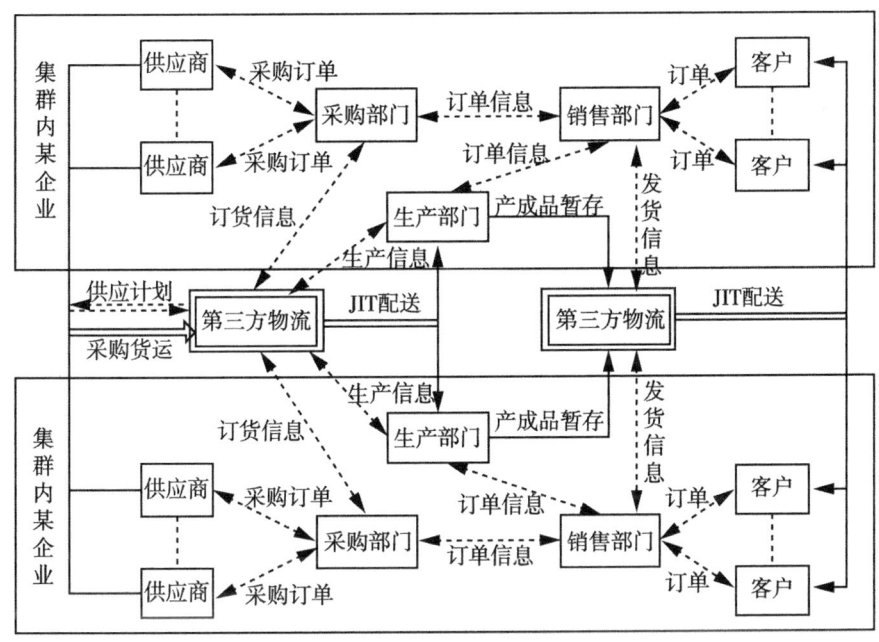

图 3-1 产业集群物流需求的生成

业可以实现资源共享,并且共同分享集群带来的种种好处。通过产业集群,企业的经营成本会降低,从而增加了企业的收入。而且,产业集群会吸引更多的企业来此区域投资和发展,这在一定程度上扩大了集群的规模,为各个企业带来了更多的发展资源。

二、不同阶段下物流系统的物流需求分析

基于产业集群的物流系统的发展主要经历五个阶段,分别是:形成、成长、成熟、衰退、转型。由于各个阶段都有不同的特点,所处的环境和发展的状况都不同,所以,这个时期相关物流的需求也是不一样的。具体情况如表 3-1 所示:

51

表 3-1   不同阶段下物流系统的物流需求特点

时期	时 期 特 点	物流需求特点
形成	在该阶段，基于产业集群的物流系统体现为在相当集中的地区中存在个别或少数生产同种类型产品的企业，这些企业甚至只是手工作坊，它们虽然市场表现良好，但是还不具备集群性的市场影响力。不会对物流系统进行提前设计和规划	仅仅表现为对实体运输和仓储的需求，集群企业可以选择外包物流或者自营物流。这一阶段的物流需求和数量都还远远没有达到物流系统建设条件的要求，但是某些企业已经开始了与物流企业的合作
成长	基于产业集群的物流系统内部主体产业的企业数量急剧增加，集群形态已经形成，并且进入成长阶段。这一阶段系统内部企业规模不断扩大，市场影响力增强，良好的盈利能力吸引着人力、财力、物力的汇集，企业的管理水平不断提高，生产技术不断创新。同时供应链上下游配套产业、辅助产业也聚集到该系统内，产业链结构在系统内逐步完善	在成长阶段，由于产业集群模式正在朝着越来越大的规模的发展，所以对物流的需求也越来越多，并且，需求逐渐从一些简单的业务操作向一些增值性的业务模式发展
成熟	在成熟阶段，产业链的形成，企业数量、市场占有率基本稳定，系统内企业形成既相互合作又相互竞争的稳定网络关系	这一时期，由于集群企业在全国市场竞争优势的形成，物流功能需求也由简单的实体运输和仓储的需求转变到对商品的物流配送、物流调度、物流系统设计与咨询、物流信息处理能力和需求预测及快速反应的需求，集群内的物流需求增大，管理水平提升
衰退	劳动力、土地等资源成本上升，集群内的技术创新优势减缓，其他发展地区的资源成本竞争力上升	原有产业的物流需求量降低。应将物流需求转移到物流系统内其他产业上，或努力适应产业升级后的物流需求，减少对现有物流系统新的建设投资，采取收割战略，服务于物流企业的整体战略

续表

时期	时期特点	物流需求特点
转型	物流系统应配合集群新的转型进行升级和调整，或拓展成为专业化的第三方物流服务平台	在产业升级过程中，物流系统的功能性需求变化不大，需求的发展方向转变为对供应链的整合能力的增强，但是由于不同产业的物流特性存在较大不同，从一种产业的物流转向另外一种产业物流需要一定的适应过程。面对产业升级所形成的新的物流需求，物流系统的构建也应该通过不断创新来与之相适应。一方面可以继续发挥自身物流加工、配送中心的作用，服务于产业集群；另一方面也可以通过开展物流系统规划与管理的培训、咨询、展览等衍生性服务，与集群企业形成长期的合作伙伴关系，共同发展

第二节　基于产业集群的物流系统运作要素

一、物流系统知识整合能力

当代企业研发的特征是融合创新，即将不同学科的知识进行整合而产生创新[1]。产业集群获得的大量溢出知识一般都是一些很散乱的东西，如果这些东西不经过处理和整合，很难具有利用价值，一些知识的简单整合并不能给企业带来影响，也不能为企业提供创新的动力。但是，如果在集群内，把这些散乱的知识进行有效的处理和整合，就会增加资源的利用效率，为企业带来收益。

---

[1] M. Kodama: Knowledge Creation through Networed Strategic Communities: Case Studies on New Product Development in Japanese Companies. Long Range Planning, 2005 (38), pp. 27-49.

(一) 物流系统知识整合能力的内涵

资源学派学者和能力学派学者都认为知识整合在提高企业的综合实力和竞争能力方面具有很重要的作用。并且这些整合后的知识可是发展成为企业的独特资源，增加了企业的核心竞争力[1]。

Inkpen 认为所谓的知识整合就是把一些零散的东西连接到一块。也即是，通过一定的手段，使知识和信息在组织和个人之间进行传递和共享，把个人零散的知识，通过一定的关系，转变成组织的知识，以便于组织中的所有成员可以共享[2]。Henderson 和 Clark 从构架创新的角度来定义知识整合。他们定义的知识整合仅限于对企业技术的重新配置，在技术创新的过程中[3]。Bolloju 等在一定的基础上，对知识整合的概念进行了扩展，他们认为知识整合不仅是对技术的重新配置，也是对企业管理人员和企业员工的思想，还有企业生产经营的过程等一些资源进行重新配置。不断地获取新知识，依据现有的知识进行组织决策是整合的意图[4]。Volberda 等人对知识整合的理解是，整合是一种知识的转变，是零散性知识转变成结构性知识的过程[5]。张庆普和单伟（2004 年）认为知识整合是一个负责的过程。它是一个知识的提炼、转化、协同、加工最后系统化的过程，这个工程比较繁琐和复杂[6]。尽管每个人对知识整合有不同

---

[1] J. H. Dyer, H. Singh: The Relational View: Cooperative Strategy and Sourcesof Interorganizational Competitive Advantage. Academy of Management Review, 1998 (4), pp. 660-679.

[2] C. Inkpen: Creating Knowledge through Collaboratio. California Management Review, 1996 (1), pp. 123-140.

[3] R. M. Henderson, K. B. Clark: Architectural Innovation: The Reconfiguration of Existing Product Technologies and the Failure of Established Firms. Administrative Science Quarterly, 1990 (1), pp. 9-30.

[4] N. Bolloju, M. Khalifa, E. Turban: Integrating Knowledge Management into Enterprise Environments for the Next Generation Decision Support. Decision Support Systems, 2002 (33), pp. 153-176.

[5] D. B. Van, A. J. Frans, H. W. Volberda, D. M. Boer: Coevolution of Firm Absorptive Capacity and Knowledge Environment: Organizational Forms and Combinative Capabilities. Organization Science, 1999 (10), pp. 551-568.

[6] 张庆普、单伟：《企业知识转化过程中的知识整合》，载《经济理论与经济管理》2004 年第 6 期。

的见解,但是总的来说,有以下几个方面的特点:首先,整合之后,可以发展成为新的知识体系;其次,知识整合是一个把知识集中化和系统化的过程;再次,知识整合需要一定的方法和互动形式,如通过正式或非正式渠道的传播与整合。

(二)物流系统知识整合能力的构成维度

Boer等一些专家表示,进行知识整合时,必须具备系统化能力、协作能力和社会化能力,如果不具备这三个方面的能力,就达不到知识整合的效果[1]。本书认为,基于产业集群的物流系统知识整合的基础是产业集群创新网络,产业集群网络中就已经包含了系统化能力和协作能力。系统化能力是知识整合的终极目标,而系统化能力需要以企业的知识吸收能力作为基础。所以,物流系统知识整合能力应该包括吸收能力和系统化能力两部分。

1. 吸收能力

在20世纪90年代,Cohen和Levinthal提出吸收能力(Absorptive capacity)是企业对新的外部知识的价值观察并且识别之后,进行消化,然后将这种价值用于自己的公司经营的能力。这种观点被学者们广泛赞同和使用[2]。Jantunen从获取、消化、利用三个维度研究了吸收能力对创新绩效的影响[3]。Lane等认为吸收能力包含三个方面的能力,分别是理解、消化以及应用[4]。企业学习吸收知识的能力,其实也是企业不断学习、不断创新的能力,这种能力可以提高企业自身的综合实力。知识吸收能力使企业具备了战略柔性,使企业能够在动态变化的环境中保持竞争优势,能够灵活应对外部环境的变化。

---

[1] M. Boer, F. A. Bosch, H. W. Volberda: Management Organizational Knowledge Integration in the Emerging Multimedia Complex. Journal of Management Studies, 1999 (3), pp. 379-398.

[2] W. M. Cohen, D. A. Levinthal: Absorptive Capacity: A New Perspective on Learning and Innovation. Administrative Science Quarterly, 1990 (1), pp. 128-152.

[3] A. Jantunen: Knowledge-processing Capabilities and Innovative Performance: An Empirical Study. European Journal of Innovation Management, 2005 (3), pp. 336-349.

[4] P. J. Lane, J. E. Salk, M. A. Lyles: Absorptive, Learning and Performance in International Joint Ventures. Strategic Management Journal, 2001 (12), pp. 1139-1223.

2. 系统化能力

Grant 认为如果一个企业的经营活动比较多，程序比较复杂，就会越需要系统化能力来解决企业面临的问题，进行企业的经营和发展[①]。Boer 等学者认为系统化能力主要侧重于代码、计划、程序等正式系统。这种系统能力是企业的生产经营过程的标准化程度，以及进行业务操作时遵循规则的程度[②]。Baker 等人经过研究，得出结论，一些企业如果能够很好地利用和理解复杂技术知识，那么他们很难将这些知识运用到企业的业务或者是技术的创新方面[③]。物流系统知识整合最重要的就是要有一定的系统性能力，这种能力能够提高知识整合的效率。所以，企业在发展的过程当中，要把一些新知识和已有知识相结合，进行整合和创新，提高企业生产经营的效率和创新的能力。

二、网络化程度

（一）网络化程度的内涵

随着社会的发展，互联网技术越来越先进，应用也越来越广泛，基于产业集群的物流系统运作更加依靠企业间的合作与网络化。网络在企业的活动中，作为一个参与者，也发挥着一定的作用。网络和一些企业之间，由于需要信息的传递，形成了一定的关系，这种关系可能是正式的，也可能是非正式的[④]，网络关系主要侧重于各个企业或者是机构之间的联系。网络化是产业集群创新中的一个主要的部分，实现基于产业集群的物流系统运作的最基本的方法就是网络化方法。网络化程度其实就是在产业集群

[①] R. M. Grant: Prospering in Dynamically Competitive Environments: Organizational Capability as Knowledge Integration. Organization Science, 1996（4）, pp. 375-387.

[②] M. Boer, F. A. Bosch, H. W. Volberda: Management Organizational Knowledge Integration in the Emerging Multimedia Complex. Journal of Management Studies, 1999（3）, pp. 379-398.

[③] T. Baker, A. Miner, D. Eesley: Improvising Firms: Bricolage, Retrospective Interpretation and Improvisational Competencies in the Founding Process. Research Policy, 2003（32）, pp. 255-276.

[④] H. Hakansson: Industrial Technological Development: A Network Approach. London Routledge, 1987, pp. 391-412.

系统中，各个企业之间，以及企业与机构之间联系的紧密程度。其中网络化包括质和量两个方面。其中，前者主要是指网络连接的稳定性和网络化的强度，后者侧重指网络连接的规模。

(二) 网络化程度的构成维度

对于基于产业集群的物流系统网络化程度的研究，主要是研究网络联系为什么会产生，发展网络联系会有哪些好处，以及联系的结果是什么等内容。同时也要对网络联系的稳定性和密切性等进行研究。

网络连接强度是指在产业集群内，各个企业之间和企业与机构之间以及各个机构之间联系和合作的密切程度。这种网络连接强度最直观的表现就是企业之间的合作程度。企业之间的连接方式，既有正式的合作关系，也包括非正式的关系。前者主要侧重于企业之间的分工协作，如成品供应关系或销售代理关系、不同类型企业间的原材料供应关系等。后者主要是指一些由于地缘、血缘关系而形成的一些个人关系。例如两人之间的友谊关系、信息传递关系等。这些连接方式，按照联系的程度可以分为三类，分别是弱连接关系，较为紧密的连接关系和强连接关系。同时，在网络内各节点上，在资源结构、知识结构和产业结构方面，必须要有一定的相同之处，促进企业的顺畅交流和资源共享，而且也要表现出一定的差异性，来满足企业和个人多样化的需求。信息和资源在节点上体现一定的互补性，这样的互补性才会产生紧密的连接。

网络连接规模是指在产业集群内，各个企业之间，以及各个机构之间、企业与机构之间结成网络关系的程度。这种连接规模主要包括网络连接多样性和网络密度两个方面。网络密度是网络连接多样性的前提和基础。网络连接多样性主要是指企业之间以及机构之间连接的程度（连接没有重复的过程）。网络连接的数量和连接密度受到网络结点数量的影响，他们之间的关系是呈正相关的关系，即结点越多，网络连接数量越多，连接越紧密。当然这些情况发生的前提是要有完备的基础设施和空间能力作为保障。

网络连接稳定程度是指网络连接能够频繁进行并且持久保持的程度。这种连接稳定程度受一些外在环境的影响，如社会文化环境和制度环境。社会文化作为一种软文化实力，这种文化本来就具有一定的凝聚力和真诚、包容、互惠等一些内涵，它可以利用自身的特点，潜移默化地影响着人们的行为，能有效地增强网络结点的稳定性。制度是一些法律、法规、程序，它对人们的行为具有一定的约束力量，有利于维持网络环境的秩序和公平。由于有了制度的存在，人们的行为规范有了一定的保障，知道什么该做、什么能做，这样可以保持物流系统运作氛围的稳定性和有序性。

三、创新能力

为了产业的持久运行，基于产业集群的物流系统运作过程也需要不断地进行有效创新，创新是一个过程，这个过程是动态的，需要有效的机制来推动和促进，才能使创新进行下去。

（一）创新机制的内涵

在物流系统内，大量企业和机构的集群为创新的出现创造了有利条件，但是，企业和机构的聚集并不一定能使创新活动持续地进行下去，需要创新机制的激发才能把这些潜在的条件转变成持续的创新。这种创新机制通过影响施加于企业和机构的行为而发生作用。

（二）创新机制的构成维度

产业集群行为主体之间知识流动的渠道和作用方式就是所谓的产业集群的集体学习机制。这种机制的有效利用可以促进集群内企业之间资源的共享和知识的流通，这样可以增加资源的利用效率，有助于集群内企业之间共同发展。企业之间的互帮互助，共同学习模式的实现，有助于一些从事生产制造的企业利用技术的创新来提高自身的资源利用效率，提高生产的效率，节约生产的成本，而且利用自身的技术和资源可以帮助周围的企业，为一些正打算创新的企业提供思路和方向。除此之外，这种不断学习的模式，可以促进隐形知识在企业之间的传播。一般来说，无论何种企业，都不能对所有的知识非常精通、了解透彻，必定在某一方面存在自己的短板，每个企业对知识的理解也是不一样的，不同的企业，对完全一样的知识，或者是同一类型的知识也表现出很强的异质性，所以企业之间必须进行融合贯通。特别是有些异构知识已经在企业之间根深蒂固，很难在市场上直接得到。所以，这时候，我们必须经过合作关系才能享有这些独特的资源，以实现异类资源互补或同类资源共享。基于产业集群的物流系统内的企业的创新成果可以通过多样化的生产组合和交易途径传导到其他企业,并能创新出一系列新产品。

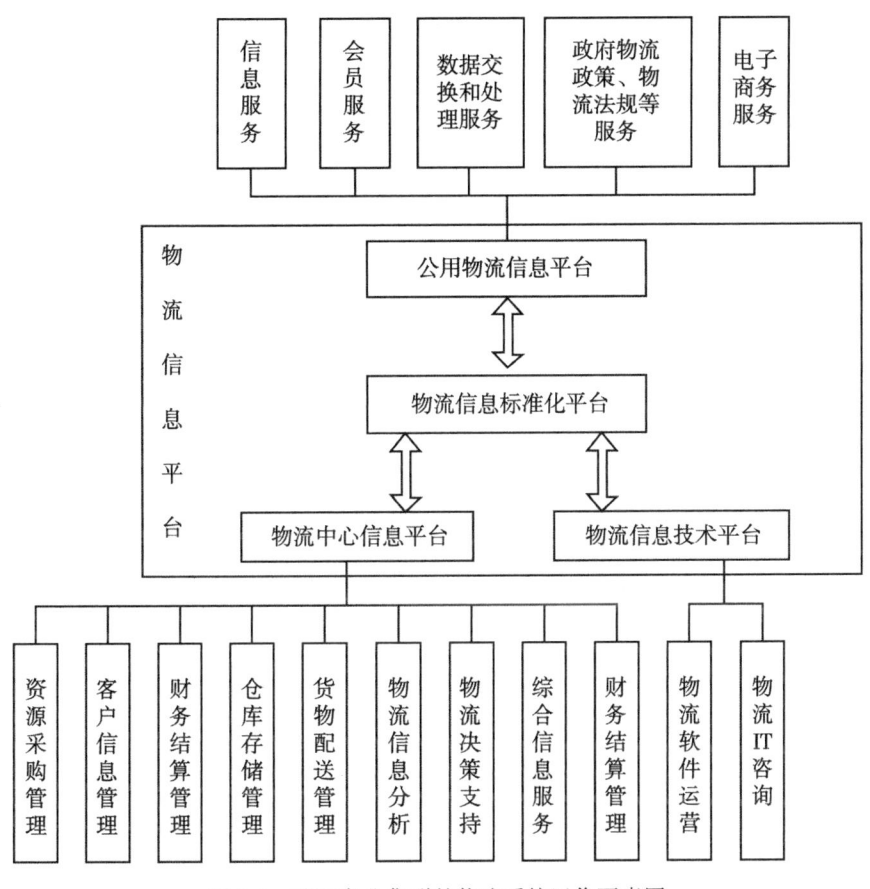

图 3-2 基于产业集群的物流系统运作要素图

产业集群创新的动力机制是指驱动产业集群创新的力量结构体系及其运行规则,这种动力机制具有比较稳定的构成方式和作用规律。但是我们目前的研究还不能有效地区分促成创新的直接动力与创新形成的条件。产业集群创新又是一种合作创新。由于企业是创新活动的真正主体,因此,研究产业集群的创新动力,必须从企业出发,研究创新企业来说会有哪些好处,从而发现可以实现创新的动机。经过研究发现,竞争是促使企业创新的最直接动力。一是企业之间的竞争。在产业集群内,会有大量企业的存在,一定数量的企业聚集,必然面临激烈的竞争,遵循优胜劣汰的自然规律，实力比较弱的企业必然会被挤出市场或者是被产业集群网络结构边缘化。所以，为了生存和发展，企业必须要进行不断创新，形成自己的核心竞争力。二是市场环境。因为科技的发展具有高度综合、高度交叉和高度分化的特征，所以在这种情况下，很难清晰地区分出技术边界。而且市场环境又是不断变化的，很难确定，所以对于任何一个组织来说，都没有足够的资源和能力来及时地适应和应对这种变化。所以，对企业来说，在进行创新时，也会出现困难，由于技术复杂、创新的产品复杂，而且创新的过程也很复杂，这样就增加了创新的难度。所以，企业进行生存和创新，就必须和其他企业建立起合作关系，这样就促使了集群内企业之间的紧密联系。三是利益驱动。在产业集群内，进行技术创新，可以节约生产的成本，获得更大的利益。而且，最先进行创新的企业可以在市场上享有一定的价格垄断的优势，这就会给企业带来很大的利益。这样也会给周围的企业带来一定的创新动力。

第三节 基于产业集群的物流系统结构设计

一、实体结构设计

需求促进发展，物流系统也依据物流需求而促进发展。为了促进需求的发展，必须对物流系统的实体结构进行优化。

首先，要对我国的整个物流行业的现状进行分析，预测物流的需求和发展方向。研究当地区域的物流现状、运作模式和客户需求、市场状况等，之后建立一定的模型进行分析预测。我们知道，物流需求，实为一种引致需求，物流企业的聚集必须是有一定依托的，可能是其他产业的带动，也可能是当地特色的资源和文化，考虑到此，基于产业集群的物流系统才能够逐步形成、发展起来。其次，对物流系统结构进行分析，功能定位，确定规模的大小。还必须考虑一些其他的因素，像资源优势、以后的物流量、基础设施的规模和建设等。再次，对物流系统进行规划布局。对物流企业的服务功能进行实地考察和研究，尽量做到企业之间专业性与互补性的结合，提高资源的利用率。还要对物流系统的价值进行估算。最后，再分别对每一个板块进行详细的设计和规划。在设计时，要充分考虑每一个板块的功能和特点，进行有特色的设计，站在整体的角度进行思考，防止资源的重复投资，造成资源的浪费。

第三节 基于产业集群的物流系统结构设计

物流结构主要有专业型、出口型、商务会展型、共享型、龙头企业型五种类型，每种结构有不同的特点，主要特点如表 3-2 所示：

表 3-2　　　　　　　　不同物流结构的特点和适用类别

结构类型	适用类别	主要服务	特　点
专业型	产出品或投入品具有特殊属性的产业集群，如化工、印染、专用设备等产业集群	特殊产品的包装、搬运、运输、存储和养护等物流活动	特殊的操作要求、技术标准和安全标准，采用专用的物流工具、设备和设施，物流运作比较复杂，与产业上下游产品的关联性高，与生产企业运营环节的结合更加紧密。投资专用的物流设施和工具，引入专业化的物流公司，培养专门的技术人才，可以更好地为产业集群提供专业化的物流服务
出口型	出口导向的产业集群	报关、通关、保税、仓单抵押、物流金融、虚拟航空港、无水港等综合性国际物流服务	根据"陆路口岸"功能规划建设，设立集装箱堆场区、海关查验、检验检疫区、公共保税仓库、出口监管仓库、国际采购平台等设施和系统，引入国际货运营商和国际货运代理商，提供一体化的国际物流服务
商务会展型	这类企业是依托专业市场发展起来的，集群竞争力更多地依赖于市场营销能力而非生产能力	专业仓储、快速配送、流通加工、展览展示、咨询发布、信息交流、贸易洽谈、电子商务、进出口服务等业务	商务会展物流体系能够为集群企业塑造品牌和提高竞争优势提供重要途径。形成特色商品集散中心、流通加工中心、交易中心、价格形成中心和信息发布中心

续表

结构类型	适用类别	主要服务	特　点
共享型	中小规模、物流量小的产业集群，但是在一个地区的产业集群数量比较多，综合物流量比较大	把多个中小规模的产业集群集中起来，在它们之间实现资源共享，共同发展	这种结构可以有利于发挥范围经济的优势，降低物流成本。促进各个产业的共同发展
龙头企业型	在集群供应链中处于核心企业的位置，具有自身的资源优势，可以利用自身的综合实力强势整合和重组集群中的物流系统	管理整条供应链和整个产业集群，推动和促进整个物流园区的建设和运营	具有市场衍生型、加工配送型和厂商衍生型三种物流模式

二、信息网络结构设计

基于产业集群的物流系统信息网络结构划分为三个部分，分别是：物流业务平台、协同作业平台和综合信息服务平台。其中，前两个平台的数据等一些信息，通过第三个平台展现出来，展示给客户和公众。综合信息平台是物流业务平台和协同作业平台运行的载体。三者之间紧密联系、互相配合，按照不同的功能和结构特点，组合在一起，共同发挥作用。三者具体从事的业务和关系等情况如图3-3所示。

（一）物流业务平台

物流业务平台建设的目的，就是为保证物流业务能够顺利开展和办理、有序地进行下去，物流业务平台是对物流活动的规划和建设。物流业务的开始到完成整个过程都需要物流业务平台发挥一定的作用，物流业务平台由进驻产业集群的物流企业中与物流业务活动相关的所有信息资源整合而成。物流业务平台可以为集群内的物流企业和与之相关的企业提供一

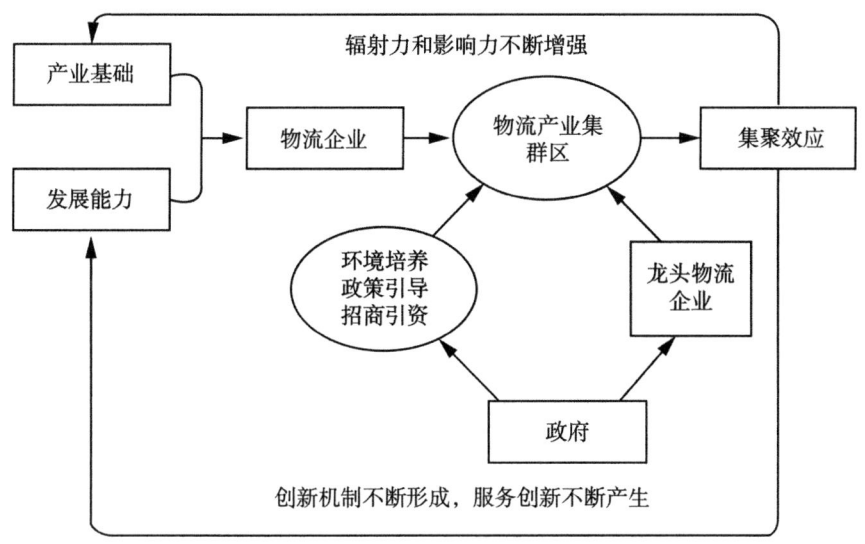

图 3-3　基于产业集群的物流系统信息网络结构图

个高效的沟通界面，对有关的信息和资源进行有效的整合，从而使信息能够快速地传递，资源可以充分地利用。物流业务平台也可以进行业务的专业化整合，对具体的业务活动进行划分，例如可以把业务具体地划分为运输业务、配送业务、仓储业务、包装业务、流通加工业务、信息核实业务、财务收支业务等。

（二）物流协同作业平台

物流协同作业平台主要是对产业集群内的一些卖方企业和买方企业，还有一些合作机构进行的统一管理和有效整合，是为了确保它们之间能够实现信息共享、交易顺利进行而设立的一个平台。物流公共信息平台的建设是依据产业集群的这一大环境的特点和状况，有效地利用产业集群的资源和其他方面的一些优势，进行各个主体之间的协调。在同一个产业集群内，所有的企业之间既存在着激烈竞争，但是彼此也是合作伙伴的关系。这种有效的、公平良性的竞合关系可以促进企业的共同发展，给企业发展带来很大的优势。这个平台的不同应用现状及功能特点主要如表 3-3 所示：

表 3-3　物流协同作业平台的功能类别、发展应用状况及功能特点

服务类别	应用现状	功能特点
网上交易服务	基于产业集群的物流公共信息平台在全国范围内都已经建立，但是大部分省市对此平台的应用还局限在一个信息浏览发布的网站，并没有实现其真正的价值功能	物流公共信息平台不仅要提供信息服务，而且还要提供技术、管理和交易服务，即通过信息平台实现电子商务功能，可以使采购和交易在虚拟的交易网络上瞬间完成，十分便捷
公共信息发布服务	这是一个最基本的平台，在物流企业中得到了广发的应用	方便参与者发表相关的信息，便于用户查询，如：订单运行情况、订单执行情况、报关和商检情况。用户可以经过信息的查询及时了解信息，便于作出决策
网上行政审批服务	广泛应用于金融、保险、报关、税务等部门	物流公共信息平台可以整合政府职能部门的信息资源，实现网上行政审批服务，可以提供相关的物流业务"一站式"审批服务，大大提高行政协同办公效率
物流业务集成和整合服务	这种服务的应用在物流领域内还不是特别广泛，它是公共信息平台发展到一定阶段的产物	便于物流企业为用户提供个性化和具有增值功能的物流服务，通过协同作业平台，整合各物流企业与用户企业的物流信息资源，实现物流业务的集成化服务
应用托管服务	这种服务在企业之间的应用也不是特别广泛，因为我国大部分地方的物流信息系统平台还不是特别的成熟，对一些功能的应用还处于探索阶段	通过协同作业平台，构建符合物流企业运作需求的物流信息系统，使软件和硬件标准化，以应用托管的模式，向物流企业提供信息服务，物流企业可以通过协同作业平台来使用系统，这样可以吸引更多企业进驻集群，减少进驻企业的建设成本，从而有效地提高产业集群效应和信息化水平

(三) 综合信息平台

综合信息平台，这个平台可以使信息进行最高程度的整合，它实现和发展的基础是公用信息系统。通过与一些相关的职能部门和服务设施相结合，实现信息的搜集、加工处理、转换和共享。这样的职能部门和服务设施主要有：政府职能部门、物流基础设施、金融服务设施和公共信息系统等，它们之间的协调和合作，为协同作业平台和物流业务平台提供了信息资源，促进了产业的发展，提升了整个产业的综合实力。

三、经济网络设计

社会经济网络理论认为，企业的运行和战略选择，不再像传统的经营模式那样，仅仅依靠自身的资源进行决策和战略选择，而是充分利用其他企业的资源，进行自身的战略决策和风险选择。经济组织是以正式契约关系为基础，但是社会组织是以非正式契约的社会关系为基础，它们两者之间是不一样的。在实际的经营运作中，经济网络和社会网络这两种网络关系，是相互促进，共同发展的。这两种关系的融合发展可以促进一个地区经济的进步和企业的持续运作。

对一个地区内部来说，物流企业之间的相互合作程度和有关消费者预期情况这两个问题，是现有的物流产业能否真正发挥网络效应的关键所在。如果在一个产业集群内，企业之间联系密切，加强沟通与合作，可以提高生产的效率和产品的质量，获得更大的购买力，有利于企业扩大规模，从而有助于物流经济网络的形成，也满足了顾客的消费预期。

所以，建立模型时，要考虑物流产业集群网络特性和消费者预期，对企业承担物流服务的模式进行分析（主要有两种模式，一种是由自己独自承担，另外一种是与其他企业合作），然后分析不同模式对社会福利的影响。本书将从是否合作两种模式进行分析研究，具体如下：

从社会经济网络理论中可以看出，在产业集群，如果物流网络在发展和建立的过程中，没有政府政策的支撑和帮助，没有对物流企业进行足够的激励，而是完全由物流企业本身来发展建立起来的。这种会在物流企业之间产生外部性效应内部化。物流企业作为外部性行为人，本身没有大量的资源和可用的资本，也没有通过讨价还价、谈判等私人手段将自己的投资行为对别人产生的额外收益内部化的能力。原因之一是网络外部性不是单一存在的，而是相互作用，是一个双向的过程。还有一个原因是，集群内的企业数量很多,他们作为受益者。如果只让单一的企业进行谈判、协商等活动,这种巨大的成本和花费,他们没有办法承担。因此,在没有政府政策支持、资金补贴的情况下,诸如建立信息、资源共享的基础设施等巨大的成本费用,单个物流企业是没有办法来承担的,所以,这种战略模式一般不能在物流企业之间实施。所以,物流企业之间的互助和合作的模式才是推动产业发展最合适的模式。这种模式的应用不仅可以增加各个企业的收入,还能改善社会福利。

第四章　基于产业集群的物流系统运作的过程

第一节　基于产业集群的物流系统发展的动力机制

一、基于产业集群的物流系统发展的动因分析

(一) 自发形成的基于产业集群的物流系统

基于产业集群的物流系统是在很偶然的情况下形成的。这是克鲁格曼等一些专家学者的观点。然而还有一些学者认为，这种系统的形成过程是随着市场的发展自然而然形成的，并不受到其他市场外因素的影响。

外部的环境（地理环境）和资源（自然资源和人力资源）是影响物流系统集群的主要因素。其主要具有以下几方面的特点：一是，集群内的各个企业由于处在同一地区，会受到当地习俗和传统文化的影响，这样因为不存在文化的差异，它们之间的联系会非常密切，相互之间的合作也会增多，这样就会提高信息的快速传递和充分共享。二是，在共同的传统文化的影响下，各个企业的文化不存在很大的差异，这样企业之间在沟通交流方面，就会减少隔阂，企业之间会共享信息，形成彼此依存的关系，这样就会降低企业间交易的成本。三是，受到传统文化的影响，企业家们会根据当地的文化特色来进行市场业务的开展。创业者们也会因地制宜，选择符合当地情况的产业进行投资、创业和经营。

优越的区位因素会吸引物流产业的聚集，这种天然的优势会使物流产业不自然地进行集中和发展。像优质的人力资源、丰富的自然资源、先进的机械设备、优越的地理环境、便利的交通等这些都属于独特的区位因素。由于这些独特的优势，会给物流企业的生产和经营带来更大的收入，当企业的服务成本小于边际成本时，企业就会不自然地进行聚集。这种聚

集不需要政府政策法规的支持和推进，是一种自发的行为。从实践经验来看，生产性服务集群多见于集聚于商业中心的批发零售服务等配套产业，或以人力资源为企业核心资产的知识密集型服务业。

（二）外生力量形成的基于产业集群的物流系统

还有一些学者认为一些外在的力量是产业集群物流系统形成的动力，这些学者主要以斯科特为首。这些外生力量主要是指政府的一些政策法规、人力资源优势、便利的交通和独特的自然环境等一些外部条件[1]。由于市场的需求越来越呈现出多样化的发展趋势，企业生产也具有一定的弹性，这样就迫使一些产业在一定空间位置中聚集。这是地理学家通过实地研究和考察大量企业得出的结论。他们同时也发现，一些企业在生产经营过程中，为了降低库存成本和满足市场多样化的需求，开始进行小批量、多批次、有柔性的专业化生产。这种模式使传统的批量生产发生了转变。在这种情况下，产业的发展需要集群的企业之间进行紧密的联系，企业之间互相合作，加强沟通互动，这种企业间的多重联系和资源共享，可以有利于该产业形成核心竞争力。所以，这种观点认为，产业集群的物流系统的形成较少是因为物流企业的内部特征，更主要的是由于政府的支撑、优越的地理环境等一些外在的因素。

在产业集群的物流系统的形成和发展中，政府发挥着举足轻重的作用，尤其是在一些地理环境不是特别优越、交通不是很便利、人力资源也不充足的地区。政府为了引领经济的发展，形成一定的规划目标，就必须制定出相关的政策，来支持物流企业在区位地理条件不是特别优越的地区的形成和发展。

（三）共同力量形成的基于产业集群的物流系统

在一些研究中，还有一些专家学者表明，一个产业的集群仅仅依靠内生力量或外生力量，都不能形成和实现发展。只有两个因素共同发挥作用，才能促进产业集群的物流系统的形成和发展。波特作为这个研究领域中非常权威的学者之一，他表示，这种物流系统的形成和发展，不仅依靠一些资源优势、政府的支撑和优越的地理环境，而且也离不开市场的竞

---

[1] Skjott-Larsen T, Paaulsson U, Wandel S: Logistics in the Oresund Region after the Bridge. Europen Journal of Operational Research, 2003 (2), pp. 247-256.

争。竞争促进了企业的发展，促进了产业集群的形成。按照当前的市场趋势，这种依靠内生力量和外生力量共同发展的产业集群物流系统更符合实际情况①。国内部分学者对此持相同或类似的观点。因为影响这种产业集群物流系统形成和发展的因素非常多，内外部环境也特别复杂，所以我们很难从定量上进行分析，也不能通过一些模型的建立来验证某种结论是否正确。但是，在定性分析上，二者因素都存在的观点更符合事实情况。内生力量和外生力量，这两种动力共同促进了此产业系统的形成和发展。具体可参见前文图 3-3 所示。

二、基于产业集群的物流系统发展的动因理论阐释

（一）基于产业集群的物流系统生命周期的动力机制分析

1. 形成性动力机制

形成性动力机制主要是发生在产业集群物流系统刚开始形成的时候，这是一种对物流企业起着吸引、推进的机制。这种机制主要由以下几个方面的要素构成：物流企业在追求外部规模经济的过程中不断集聚在某一地域空间内产生；在市场作用推动下形成；在企业的经营成本、运输方式、规模经济、信息流动等一些因素的共同作用下发展起来；物流企业在转移后，如果之后的盈利是呈增长的趋势，即是劳动力成本、转移的代价小于之后的收益，那么物流企业就会发展为一定空间的聚集。除此之外，政府相关政策的支撑和资助也是产业集群的动力。

2. 成长性动力机制

成长性动力机制是一种在物流企业聚集后，促进产业稳固向前发展的动力。在某一空间内，一旦有基于产业集群的物流系统的形成，那么将会有越来越多的物流企业受到吸引，开始转移到这一区域。渐渐地，这些产业就会形成集聚效应。而且，由于物流企业在聚集之后，都统一在一定的区域发展，这时，他们受到相同风俗习惯的影响和共同的传统文化的熏陶，企业之间的沟通和交流就会减少很多的障碍，会更加顺畅。这样而言，与一些集群外的企业相比，显隐性知识和信息在集群企业之间的传播就更加容易，而且也便于理解。这些企业聚集在一起，就会聚焦各种先进

---

① 康小明、向勇：《产业集群与文化产业竞争力的提升》，载《北京大学学报》2005 年第 2 期。

的技术和优质的人才，为业务和科技的不断创新提供了动力。这种产业集中模式，可以让企业之间实现信息的共享，通过建立信息共享平台，使各个企业之间可以高效利用相关信息，从而降低企业的信息查找时间和成本；企业还可以共享各项基础设施，降低了企业的建设成本等这些外生力量，为产业的集中提供了动力和支撑。

3. 可持续性动力机制

任何一个行业的发展都必须经历成长、发展、成熟和衰退这个过程，当然物流产业也是这样。当产业集中的物流系统发展到一定阶段的时候，就会受到各方面的动力来不断推动其向前发展，然后不可避免地进入衰退期。波特认为在一个比较完备的产业集群中，当集聚区内企业数量达到某种瓶颈时，这时企业之间，就需要不断进行突破，自身不断强化和发展。当企业集群物流系统初步形成，还处于成长期的时候，由于集群的企业之间可以进行自然资源和人力资源、信息资源的充分共享和有效利用，这样就会降低企业之间的交易成本，企业的经营成本也会随之下降，从而增加企业的收入。受到这些因素的诱惑，越来越多的企业开始加入进来，当达到一定的规模时，现有的资源已经无法满足这些企业发展的需要，此时，企业之间就会加大竞争，这种形式，对企业的发展是不利的。如生产成本不断上升。此时的物流产业集群就会逐渐陷入不断地自我强大的过程当中。随着竞争的越来越激烈，一些企业无法适应市场的需要，就会退出集群，这时，这个产业就会步入衰退期。

当这种情况发生的时候，产业集群的物流系统为了继续发展，集群的企业这时可以有两种选择：一是集群进入稳定期后在良性的自我强化的作用下，直接进入可持续性发展阶段；二是集群进入衰退期后，在可持续性动力机制的作用下推动集群进入更新期，自我强化效应再次起作用而且进一步过渡到可持续发展阶段。这两种方式，不管哪一种，要保持集群的集聚经济优势，延长集群生命周期，达到集群可持续发展，首先都要通过政府提高当地的环境承载能力，集群内企业和当地政府的共同合作，政府通过制定相关政策，加大支持力度，投入更多的基础设施，来满足企业的需求。但是由于生产的成本是有一定临界值的，不可能一直下降，所以政府的作用是有限的。最重要的还是各个企业在竞争中不断创新，发展新的业务模式，形成自身的资源优势和核心竞争力，才能处于可持续发展之中。具体分析如图 4-1 所示：

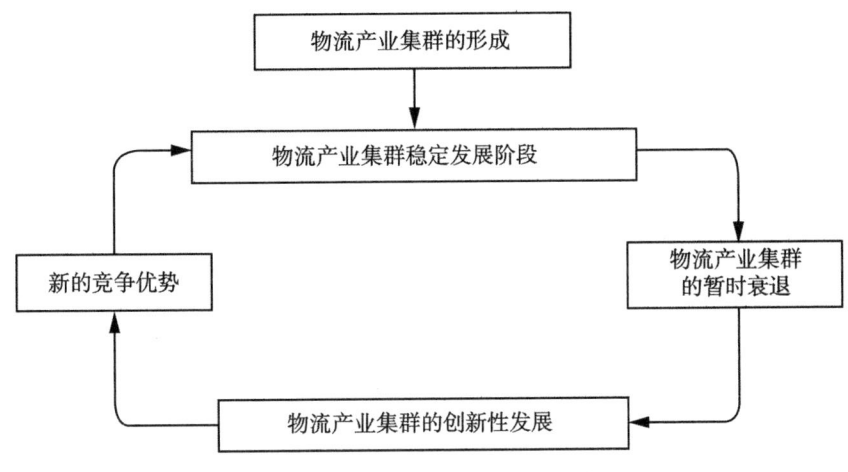

图 4-1 可持续发展的物流产业集群生命周期图

(二) 基于产业集群的物流系统的内源动力机制和外源动力机制分析

1. 基于产业集群的物流系统的内源动力机制分析

在产业集群内由于大量的社会资本所形成的价值链网络及其企业间的经济关系，是基于产业集群的物流系统的社会根植性形成的前提和基础。在产业集群内，物流企业的发展受到联合 R&D、联合营销、产学联合、企业孵化、知识产权保护、培训协议等影响，在综合实力很强的集群中，物流企业受到这些方面的影响，会不断地进行技术的开发和创新，发展先进的设备和技术，研究出更多的成果。

2. 基于产业集群的物流系统的外源动力机制分析

影响集群外部竞争优势的重要因素是政府行为和竞争环境，政府对产业发展的态度，相关的投资，还有政策的制定都会作为一种外源机制影响产业集中的形成和发展。同时市场的环境也会影响到产业集群物流系统的发展。这种外源机制主要有以下两个方面：

（1）处所的竞争环境。这种环境主要有国外市场竞争环境和国内市场竞争环境，由于市场竞争的激烈程度，一些物流企业要想在竞争中生存，就必须采取一定的战略来进行生产和经营，从而促进整个物流产业的发展。由于世界的多元化和经济的全球化，物流产业要想适应这种大趋势，并且获得一定的利益，就必须融入到国际市场当中，为避免因封闭而陷入过多的市场风险，外部竞争可以在一定程度上控制产业的开放度。

（2）政府的行为。相关产业的政策是政府行为最直接的表现。这种产业政策可以在"系统失灵"和"市场失灵"发生时发挥一定的作用。由于市场的需求受到很多因素的影响，在物流企业的发展中有很多的不确定性，市场失灵和系统失灵的情况是经常存在的，这时就需要政府的宏观调控来解决这种问题，以便于促进企业的发展。政府的专项资助项目也是产业集群物流系统发展的外源动力。寻找突破口来推动物流产业的更新和升级，以解决集群发展中存在的危机和某些不足。

第二节 基于产业集群的物流系统运作的过程

一、运作过程路径分析

（一）纵向整合

系统集成性是在产业集群物流系统中的核心企业的主要性能[1]，会有大量相关的企业出现在这个地域内，为主导企业提供支柱和服务，同时主导企业也会带动这些周边企业的发展。在基于产业集群的物流运作系统纵向整合的过程中，供应商不仅提供产品的零部件，同时也提供信息和知识[2]，供应商之间的合作可以共享信息和技术，增加先进技术的支撑，减少业务办理之间复杂的程序，协调信息和知识的交流与沟通等[3]。这时，市场的顾客便是这些企业生产和经营信息的主要来源，他们会根据市场的需求来进行生产，顾客不再是被动地接受产品和服务[4]。相关的信息和知识在企业之间的传递，一般都是沿着核心企业，向其上下游流动，因为在

---

[1] 魏江、王江龙：《平行过程主导的产业集群整合过程模式研究——以瑞安汽摩配产业集群为例》，载《研究与发展管理》2004年第11期。

[2] 刘浩然、陈力、宣国良：《供应商知识整合的新产品开发绩效实证》，载《工业工程与管理》2007年第2期。

[3] K. J. Petersen, R. B. Handfield, G. L. Ragatz: A Model of Supplier Integration into New Product Development. Journal of Product Innovation Management, 2003 (4), pp. 284-299.

[4] 陈力、宣国良：《顾客知识整合对新产品开发绩效的影响》，载《科学学研究》2007年第1期。

同一条链上传递面临的障碍比较小，信息和知识流通起来比较顺畅。在产业的发展过程当中，核心企业会通过自身的资源优势、先进的设备和人才，来帮助处于同条供应链上的上下游企业，产生重要的知识溢出效应和辐射效应。由于核心企业在技术方面和管理方面，还有项目合作等方面对相关企业的支持，会促进这些企业发展，提高企业的实力，形成一种合作共赢的局面。在基于产业集群的物流系统的知识整合的过程中，也离不开劳动力网络的支持。劳动力要素一直被视为物流系统发展的动力①。这种纵向整合的关系网络，具体如图4-2所示：

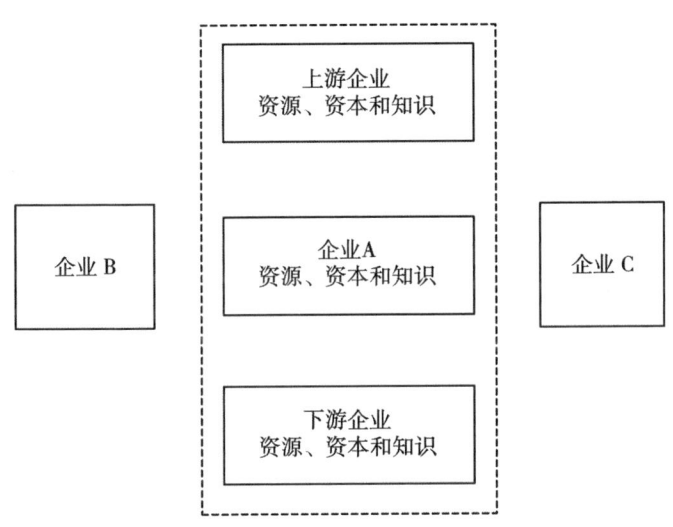

图4-2 基于产业集群的物流运作系统的纵向整合

（二）横向整合

核心企业与其相关企业，还有互补企业之间的竞争与合作都属于基于产业集群的物流运作系统的横向整合。进入本世纪以来，竞争和组织重叠逐渐被认为是呈现正相关的关系。即一个行业中，企业越多，组织重叠的部分越大，企业之间的竞争就越大②。但是，随着企业和供应链的不断发

---

① 马歇尔：《经济学原理》，张桂玲、黄道平译，商务印书馆1964年版，第281~286页。
② 蔡宁、吴结兵：《产业集群的网络式整合能力及其集体学习机制》，载《科研管理》2005年第4期。

展,竞争模式也逐渐发生了转变,从传统的企业之间为了争夺市场而相互竞争,变成了由各个企业组成的供应链之间的竞争。当然,在产业集群模式中,在同一集聚空间内,由于有不止一个核心的存在,因此也会形成不止一条供应链,当然这些链条所处的地位都是一样的。这种状况是可能存在的。随着市场的发展,客户的需求越来越多样化,并且也呈现出独特性,为了适应并快速响应市场中顾客的需求,这时就需要各个供应链之间进行合作,以便于形成弹性生产,快速响应来满足需求。由于供应链之间相互合作,企业之间可以进行信息(重叠的部分)共享,这样便于信息的流动和隐性知识的流传;也有助于在组织中彼此达成共识,减少分歧。除此之外,因为组织重叠的存在,那么不同组织中对人力资源和技术资源的需求具有一致性,这样就有利于劳动力的广泛使用,从而有助于劳动力市场的形成。最终,这些劳动力本身具有的知识和技术,还有相关设备,会在集中产业形成一定的网络模式。信息和知识在供应链之间的共享和整合是基于产业集群的物流运作系统的横向整合的主要基础。核心企业利用其自身的能力,协同周边相关企业共同发展,最终形成新的供应链知识体系。具体过程如图4-3所示:

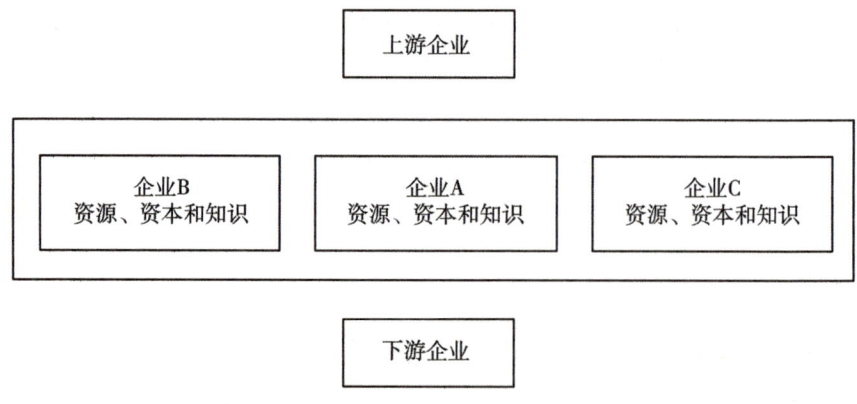

图4-3 基于产业集群的物流运作系统的横向整合

二、基于产业集群纵向整合的物流系统运作过程博弈分析

假设有两个企业(提供完全一样的产品)存在于基于产业集群的物流运作系统中。在还没开始纵向整合的时候,两个企业具有一样的均衡价格,即 $P_1 = P_2 = P_0$,这两个企业,在整合前的收益表达都是一样的,为:

$$\pi_i(0) = (P_0 - C_i) \times q_i (i = 1, 2)$$

但是,这两个企业,在还没有达到均衡的时候,他们可能有着不一样的成本函数,假设 $C_2(0) > C_1(0)$,这样对于企业2来说,为了降低经营的成本,就会不断地想办法进行整合,它可能会通过纵向整合的方式,来降低经营的成本,从而和同处集群中的企业1有着相同的成本支出。所以,企业1和企业2就会不断地进行策略选择,进行博弈,多次重复这个过程之后,两个企业最终会达到相同的成本。

在第一阶段中,两个企业之间会进行纵向整合,整合的结果会使企业的经营成本下降,由于纵向整合所引起的成本减少额为之支付投入。在第二阶段中,上一阶段的支出和溢出的情况会影响到第二阶段的成本缩减,这时企业进行不同成本下的古诺博弈。假设产品是同质的,其线性反需求函数为:

$$p = a - b(q_1 + q_2) \quad (4-1)$$

这时,假设企业不进行整合,那么单位产品平均成本为 c。在博弈第一阶段,企业1和企业2分别为成本减少额 x_1 和 x_2 支付投入,以使他们的成本减少到:

$$c_i = c - (x_i + \sigma x_j) \quad (4-2)$$

σ 作为溢出参数,代表的是一个企业的成本缩减对另一个企业的成本的影响程度,这个数值最大为1,最小为0。$\sigma=1$ 意味着一个企业从另一个企业成本缩减投资中获得的收益与从自己的成本缩减投资中获得的收益是一样的;$\sigma=0$ 表示一个企业仅从自己的成本缩减投资中受益。

整合后的成本函数是二次函数,即对于 x_i 中直接减少的每单位成本,企业 i 必须支付 $\frac{1}{2}\gamma x_i^2$。当每个企业在第一阶段选择它们的整合水平时,它们非合作地使自己的利润最大化,并对将在第二阶段进行的产品市场博弈的性质作出预测。因此,为求出博弈的解,我们首先确定给定 x_1 和 x_2 水平下的产品市场均衡,然后确定 x_1 和 x_2 的均衡值。

x_1 和 x_2 是第一阶段确定的,在第二阶段,企业 i 选择 q_i 以使自己利润最大化,即:

$$\pi_i = [a - b(q_1 + q_2) - c + x_i + ax_j] \times q_i - \frac{1}{2}\gamma x_i^2 \quad (4-3)$$

利润最大化的一阶条件可由产品市场最优反应函数

$$q_i = \frac{1}{2b}[a - bq_j - c + x_i + ax_j] \quad (4-4)$$

均衡产量水平为

$$q_i = \frac{a - c + (2 - \sigma) x_i + (2\sigma - 1) x_j}{3b} \tag{4-5}$$

方程（4-5）给出了第二阶段博弈的均衡产量，将（4-5）式代入（4-3）式，便得到了仅由直接的成本缩减量表示的企业 i 利润简化的表达式，即：

$$\pi_i = b q_i^2 - \frac{1}{2} \gamma x_i^2 \tag{4-6}$$

令式（4-6）最大化的一阶条件可以表示为：

$$x_i = \frac{2}{9} (2 - \sigma) \frac{a - c + (2\sigma - 1) x_j}{b\gamma - \frac{2}{9} (2 - \delta)^2} \tag{4-7}$$

利润最大化的二阶条件保证式（4-7）等号右项分母的值为正。最优反应函数的曲线的斜率为：

$$\frac{dx_i}{dx_j} \mid brf = \frac{2}{9} \times \frac{2(2 - \sigma)(2\sigma - 1)}{b\gamma - \frac{2}{9}(2 - \sigma)^2} \tag{4-8}$$

假设均衡是对称的，并假设式（4-7）中的 $x_1 = x_2 = x_e$，整理各项可得每个企业为之支付投入的均衡成本缩减量为：

$$x_e = \frac{2}{9} \frac{2 - \sigma}{b\gamma - \frac{2}{9}(1 + \sigma)(2 - \sigma)} (a - c) \tag{4-9}$$

考虑溢出效应，则每个企业实现的成本缩减量为：

$$(1 + \sigma) x_e = \frac{2}{9} \frac{(1 + \sigma)(2 - \sigma)}{b\gamma - \frac{2}{9}(1 + \sigma)(2 - \sigma)} (a - c) \tag{4-10}$$

将式（4-9）代入式（4-5），可得均衡产量为：

$$q(x_e, x_e) = \frac{b\gamma}{b\gamma - \frac{2}{9}(1 + \sigma)(2 - \sigma)} \times \frac{a - c}{3b} \tag{4-11}$$

由式（4-6）可得到每个企业的均衡利润为：

$$\pi_e = \frac{1}{9} \gamma \frac{b\gamma - \frac{2}{9}(2 - \sigma)}{\left[b\gamma - \frac{2}{9}(1 + \sigma)(2 - \sigma) \right]^2} (a - c)^2 \tag{4-12}$$

溢出程度 σ 的变化对均衡值的影响，由式（4-10）可得：

$$\frac{\partial (1+\sigma)x_e}{\partial \sigma} = \frac{2}{9}b\gamma \frac{1-2\sigma}{\left[b\gamma - \frac{2}{9}(1+\sigma)(2-\sigma)\right]^2}(a-c) \quad (4\text{-}13)$$

当 $\sigma > \frac{1}{2}$ 时，当均衡成本缩减量不断增加的时候，消费者剩余也会增加；而 $\sigma < \frac{1}{2}$ 时，溢出的增加使均衡成本缩减量增加。每个企业的均衡产量和消费溢出的增加在 $\sigma < \frac{1}{2}$ 时会提高产量和消费者剩余，而 $\sigma > \frac{1}{2}$ 时又使它们减少，即使溢出的增加和消费者剩余之间的关系并不能完全一一确定，但是，可以确实的是，在 σ 的值位于 0 到大于 $\frac{1}{2}$ 的某个上限之间时，溢出的增加会使均衡企业的利润增加。这又表明，至少在 $\sigma < \frac{1}{2}$ 的范围内，溢出的增加会使社会净福利增加。但是在 $\sigma > \frac{1}{2}$ 的区域，σ 的进一步增加均衡产量。这时企业 1 和企业 2 之间的利润增加了，但是会对消费者产生一些负面的影响。

式（4-5）给出了作为第一阶段成本缩减量的函数的均成本缩减量 x 支付投入，那么每个企业的产量为：

$$q = \frac{a-c+(1+\sigma)x}{3b} \quad (4\text{-}14)$$

这个产量水平上的社会净福利为：

$$\frac{1}{2}b(2q)^2 + 2\left(bq^2 - \frac{1}{2}\gamma x^2\right) = 4b\left[\frac{a-c+(1+\sigma)x}{3b}\right]^2 - \gamma x^2 \quad (4\text{-}15)$$

我们为了便于研究和分析，同样的考虑集群内的两家企业，为了便于区分，把他们称为 A 和 B，整合和不整合是 A 和 B 两个公司的战略结果。所谓的整合就是企业根据成本函数调整自己的经营生产战略，从而降低生产经营的成本，增加企业的收益；不整合就是企业不进行任何调整，按照原来的生产模式和技术设备继续进行生产。表 4-1 是对这两家公司分别采取的不同模式的策略分析：

表 4-1　　　　　　　　　基于纵向整合的博弈矩阵

		企　业　B	
		整　合	不　整　合
企业 A	整合	$P_0(1-\mu_3) \times (1+\alpha) q_A - C_A \times (1-\beta_A) \times (1+\alpha) \times q_A$, $P_0 \times (1-\mu_3) \times (1+\alpha) q_B - C_B \times (1+\beta) \times q_B$	$P_0(1-\mu_1) \times (1+\alpha_A) q_A - C_A \times (1-\beta_A) \times (1+\alpha_A) \times q_A$, $P_0 \times (1-\mu_1) \times q_B - C_B \times q_B$
	不整合	$P_0 \times (1-\mu_1) \times q_A - C_A \times q_A$, $P_0 \times (1-\mu_2) \times (1+\alpha_B) q_B - C_B \times (1-\beta_B) \times (1+\alpha_B) \times q_B$	$(P_0 - C_A) \times q_A$, $(P_0 - C_B) \times q_B$

其中：$\mu_i (i = 1, 2, 3) \in [0, 1]$ 且满足 $\mu_3 \geq \mu_2$；α、α_A、α_B 均大于 0，而且 $\alpha \geq \alpha_A$ 或 α_B；$\beta_A \geq 0, \beta_B \leq 1$。

参数的大小受到企业之间战略模式的影响，即使每个企业都调整战略，采取整合的模式，但是，由于各种因素的影响，整合的结果也是不同的，从而参数也会有区别。从表 4-1 中我们可以看出，任何一家企业只要采取整合战略，都会降低经营成本，从而提高盈利水平。这时如果有企业没有采取整合的战略，那么企业收入就会受到影响，盈利水平会下降。这时产业内就会出现一种不均衡的状态。在这个过程中，虽然行业内整体的盈利水平增加了，只是利益在行业内分配发生了改变，但是并没有达到帕累托最优，这种情形下，也不可能达到长期的动态平衡。所以，只要在产业中，有企业可以通过采取战略调整进行整合，那么产业内就不会达到均衡状态。只有产业内的企业都通过整合策略，使各种的生产经营活动的成本达到一样，形成了动态平衡，这种情况下就达到了最优的状态。

经过分析，我们可以发现，如果产业中企业 A 和企业 B 均采用不整合的战略，那么这种状况也是一种均衡，但是在这种情况下，产业中企业的生产经营活动并没有达到理想的状态，他们的收益也比较少，还有提升的空间。这种企业之间的竞争是处于低水平的竞争。即使，企业双方均满足于现状，没有更大的野心和追求，但是，这种情况下的均衡是不利于社会经济发展的，也不能提高社会福利水平。所以，在产业集群的过程中，政府应该采取一定的战略，制定相关的政策，促进并激励企业采用整合的模式来发展。

三、基于产业集群横向整合的物流系统运作过程博弈分析

在产业集群中,进行横向整合时,企业之间相互联系,通过合作互助,企业之间可以实现信息共享,一个企业的先进技术和科研成果可以惠及产业中的其他企业。产业中的先进技术和研究成果可以帮助产业集群中的企业降低经营的成本,给企业带来更大的收益。因为横向整合的创新活动具有公共物品的特性,所以当企业进行投入整合时,会受到其他企业的影响。

(一) 不同规模企业间的博弈过程及均衡分析

假设每个企业在每个时期的投入用 $x_i(t)$ 表示,即 $x_i(t)$ 表示 i 企业在第 t 时期或者阶段的整合投入,整合收益 ω 则可表示所有企业投入水平的函数,用式(4-16)表示:

$$\omega(t) = F[x_1(t), x_2(t), \cdots, x_i(t)] \tag{4-16}$$

而对于每个企业来说,单个企业的整合收益 $\omega_i(t)$ 就是该企业的投入水平与全部整合收益的函数,用式(4-17)表示:

$$\omega_i(t) = G_i[x_i(t), \omega(t)] \tag{4-17}$$

从式(4-16)与式(4-17)可以看出,整合活动的总收益取决于产业中各个企业的整合投入量,然而单个企业的整合投入量对总体的贡献是存在很大不同的。整合投入的策略选择会受到企业的大小和所处时期的影响。令 $X(t) = \sum_{i=1}^{i} x_i(t)$。

在整合之前大企业和小企业的收益分别是各自输入的函数,分别用式(4-18)和式(4-19)表示:

$$\pi_0 = f(X, y_1, y_2, \cdots, y_n) \tag{4-18}$$

$$\pi_i = g_i(X, y_1, y_2, \cdots, y_n), i \in [1, n] \tag{4-19}$$

在表4-2的博弈矩阵当中,如果大企业与小企业均采取整合策略,则用 (s_1, s_1) 表示,因为大小企业之间规模和实力的悬殊,整合能力对于小企业来说基本就不存在了。小企业在进行整合投入时,对整体的收益基本没有作用,这时就形成了合作整合的均衡,这种条件下达到的均衡状态是不稳定的,容易受到外界因素的影响。大企业采取整合策略是 (s_1, s_2),这种模式是大企业在进行整合投资时,小企业则模仿大企业来进行整合,这种方式,可以使大企业整合投资的成果惠及小企业,在整体中使各个企

业都能享受整合的好处，进而可以实现智猪博弈均衡。策略组合 (s_2, s_1)，这种模式刚好和前一种模式相反，这是一种小企业整合，大企业进行模仿的模式。这种模式下，因为大企业所处的优势地位，小企业基本不能享受到整合带来的好处，整合的成果会被大企业独自占有。这种情况下也不能达到均衡状态。最后一种 (s_2, s_2) 组合，这是一种都采取模仿的模式，没有企业进行整合投资，这种情况下也能形成均衡，但是对企业和社会来说，享受不到更好的社会福利。

表 4-2　　　　　　　　基于横向整合的博弈矩阵

大企业		小企业	
		整合 (s_1)	模仿 (s_2)
	整合 (s_1)	$\pi_0(s_1, s_1) - \pi_0$；$\pi_i(s_1, s_1) - \pi_i$	$\pi_0(s_1, s_2) - \pi_0$；$\pi_i(s_1, s_2) - \pi_i$
	模仿 (s_2)	$\pi_0(s_2, s_1) - \pi_0$；$\pi_i(s_2, s_1) - \pi_i$	0；0

根据以上的策略分析，在集群产业中，最合适的策略就是规模较大的企业进行主动积极的整合投入，然而小企业不用采取任何措施。这种模式下，大小企业都可以在整合的结果中受益。智猪博弈均衡是在成本较低的情况下，大小企业之间合作整合最有效的和最常见、稳固的均衡形式。但是这种均衡也有一定的弊端，由于整个过程中都是大企业在投资付出，而小企业不采取任何行动却享受整合的成果，这种形式，久而久之，会造成大企业的心理不平衡，就会出现没有整合投资的动力，从而会导致产业集群整合不能达到最优状态。

（二）大企业间的博弈过程及均衡分析

第一，先假设两个企业 A 和 B（在整合方面有相同的实力水平）存在于产业集群的物流系统内，整合能力分别为 I_A 和 I_B，其他条件一定，整合之前，A 和 B 企业如果不进行合作和交流，单独进行创新活动时，会分别使他们获得 π_A 与 π_B 的收益：

$$\pi_A = F(P_0, C_A, Q_A, I_A) \tag{4-20}$$

$$\pi_B = F(P_0, C_B, Q_A, I_B) \tag{4-21}$$

其中，两个公司的均衡价格为 P_0，C_A 和 C_B 是两个企业的成本函数，Q_A 和 Q_B 是两个企业的需求函数，因为这两个企业在整个市场中，所占份额比较多，基本构成了垄断，可以自己制定价格。所以，P_0基本不受外界环境的影响，也就是说均衡价格基本不受这两个企业的整合能力的影响，但是，需求和供应则很容易受到市场环境的影响。场内整合活动的进行会降低企业的经营成本，也即是会降低C_A与C_B，因为这种整合方式可以进行技术创新，不断研发出能提高生产力的先进技术，就会自然而然地降低生产的成本。低价格的竞争战略会占领更大的市场，从而需求量就会增加。所以，在这种模式下，收益的增加是通过降低成本、增加需求而达到的。如果公司 A 和 B 所采取的战略不同，它们之间的收益也会有很大的差别，具体的情况如表4-3 所示：

表 4-3　　　　　　　　大企业之间的横向整合博弈

		企　业　A		
		合作式整合	竞争式整合	不整合
企业B	合作式整合	$\pi_B \times (1+\alpha)$, $\pi_B \times (1+\beta)$	π_B, π_A	$\pi_B, 0$
	竞争式整合	π_B, π_A	π_B, π_A	$\pi_B, 0$
	不整合	$0, \pi_A$	$0, \pi_A$	$0, 0$

经过分析，我们从上表中可以发现，两个公司都进行整合，这时能给整个产业带来更大的收益。这种策略是最理想的策略，A、B 两个公司通过整合，可以使两个公司之间进行更好的合作和交流，实现资源的充分共享和高效利用。在双方都进行合作式整合的策略中，A 和 B 企业都作为大型企业，彼此都有很强的综合实力，它们之间的竞争是一种高水平的竞争，它们的博弈不再是零和博弈。它们之间的合作式整合，可以在很大程度上促进整个产业的发展，提高整个产业的综合实力，使整个产业的收益增加，从而 A 和 B 公司的收益也随之提高。

以上的这种模型仅仅是分析了 A 和 B 两个企业，但是这种模式仍然使用于多个企业当中。假设有 n 个企业存在于产业集群中，这些企业都有一定的实力来进行整合投资。假设企业之间采取的整合战略是相互竞争的，那么它们收益函数是：

$$\pi_i = F[P, Q_i, C_i, I_i] ; (i \in (1, n)) \tag{4-22}$$

如果每个企业均采取合作式的创新策略，则企业所获得的收益为：

$$\pi_i' = F(P, Q_i, C_i, I_1, I_2, \cdots, I_n) \tag{4-23}$$

$$\pi_i' = \pi_i + \lambda \times \pi_i; \ (\lambda > 0) \tag{4-24}$$

λ 是由所有企业的合作互动程度来确定的。所以,在集群产业横向整合时,进行战略选择时,最好是所有的企业都进行整合投资,加强所有企业之间的互动和资源共享,使自然资源和人力资源还有一些技术设备,充分地整合和利用,从而提高整个产业的综合实力。

第五章 基于产业集群的物流系统运作模式及其选择

第一节 第三方物流企业协同运作模式

一、第三方物流企业协同运作模式的内涵

目前第三方物流企业协同运作模式是产业集群中普遍采用的一种方式，第三方物流供应商能充分利用其网点优势、专业技能优势和信息技术优势，有利于集群企业扩大市场半径和开拓新市场[1]。第三方物流企业的实力将直接影响到为集群企业提供的物流服务水平的高低。

由于产业集群是在一定的空间内，一些相关企业和机构之间彼此通过合作和沟通交流，聚集在一起的模式。其中，大企业相对较少，但是和大企业相关的中小企业是产业集群中的主力军，从而产业集群内物流基本是以中小企业为主导的，其物流整体规模较大。同时，一方面，由于中小企业自身物流管理水平不是很高再加上资金的限制，自营物流无法降低其物流运作成本；另一方面，由于大企业自营物流会分散核心业务资源，因此，在物流不是集群企业战略核心业务且物流管理水平不是很高的情况下，集群企业倾向于将物流业务外包出去，第三方物流供应商为集群企业提供采购、包装、仓储、运输配送以及相关信息处理的一体化物流服务[2]，同时集群企业通过信息系统与第三方物流供应商保持密切联系，以达到对物流全程管理和控制的目的。但需要注意的是，目前集群内大部分第三方物流企业仅提供单项的物流服务，缺乏综合的一体化物流运作，因此企业

---

[1] 胡保亮：《产业集群中的第三方物流及其特征探讨》，载《华南理工大学学报》2009年第1期。

[2] 王静：《基于产业集群的供应链组织与物流园区发展模式》，载《西北农林科技大学学报》2008年第5期。

在外包时不得不同时选择多个第三方物流服务商来共同完成集群企业的物流任务。

第三方物流企业与集群企业间的根本联系是第三方物流是物流服务的供应者,集群企业是物流服务的需求者①。因此,第三方物流企业协同运作模式的内涵包括内部协同和外部协同,这是第三方物流与产业集群协同发展的实现基础。

(1) 内部协同。指第三方物流供应商提供物流服务和集群企业获取物流服务时,各自相关战略应与各自相应的组织体系和流程具有动态一致性;组织体系和流程随着相关战略的改变而发生变化。第三方物流企业根据外部市场来选择业务战略而集群企业则根据外部市场来选择物流战略。

(2) 外部协同。指第三方物流企业和集群企业间的协同关系。一方面,第三方物流企业的业务战略与集群企业的物流战略有效结合、相互调整适应;另一方面,二者各自的组织体系流程也能够相互适应。

二、第三方物流企业协同运作的流程

(一) 体系支持协同模式

体系支持协同模式中,集群企业对其物流战略的建立起到至关重要的作用。体系支持协同模式是指集群企业首先设计出物流战略,同时此战略必须建立在集群企业的物流组织体系和流程运作中,而第三方物流根据集群企业组织体系流程的不足来进行支持与补充。因此第三方物流企业的组织体系和流程一方面会受到自身业务战略的影响,同时也会受到集群企业组织体系和流程的影响,即当其组织体系和流程不能很好支持企业物流战略时,第三方物流企业就需对其自身组织体系和流程作出调整。

(二) 战略支持协同模式

战略支持协同模式中,重点强调的是第三方物流企业的作用。战略支持协同模式是指集群企业设计出的物流战略必须通过第三方物流企业的业务战略和相应的组织体系和流程来实施。该模式区别体系支持协同模式在于,集群企业物流战略的实施不再依赖于自身的物流组织体系和流程,而

---

① 陈畴镛、胡保亮:《第三方物流与集群企业协同发展的模式研究》,载《中国管理学年会》,2009年。

必须建立在第三方物流企业业务战略和其组织体系及流程之中。因而第三方物流企业业务战略不仅会受到外部因素的影响，也有可能被集群企业战略所影响。同时第三方物流企业的组织体系和流程也会因为其战略不能有效地支持集群企业战略而相应地作出调整。

(三) 战略重塑协同模式

战略重塑协同模式的关键之处在于集群企业的战略会在第三方物流企业业务战略的影响下进行调整。也就是说在集群企业物流战略的制定中，第三方物流企业发挥着重要的作用，同时集群企业的物流组织体系和流程也会随之改变以适应其战略发展要求。

(四) 体系重塑协同模式

体系重塑协同模式不再强调集群企业和第三方物流企业的战略，而重点关注第三方物流企业组织体系和流程对集群企业组织体系和流程的影响，以此来实施集群企业的物流战略。该模式淡化了集群企业物流战略的重要性，同时强调了第三方物流企业业务战略与其组织体系及流程的协调性，集群企业组织体系和流程将会随着这个协调的过程进行自我调整和完善。

三、第三方物流企业协同运作模式的关键因素分析

上述协同模式，集群企业物流战略、集群企业物流组织体系和流程、第三方物流企业业务战略和第三方物流企业组织体系和流程为关键因素，这四大关键因素相互关联。

(1) 集群企业物流战略包括物流范围、独特能力和物流治理。物流范围是指安排的物流功能；独特能力指企业通过物流获得竞争优势所需的核心能力；物流治理指集群企业建立物流活动或服务的一种机制。

(2) 第三方物流企业业务战略包括业务范围、独特能力和业务治理。业务范围是指第三方物流企业经营中对其产生影响的各种因素，比如物流服务、竞争区域及潜在竞争对手等。独特能力指第三方物流企业取得竞争优势所需的核心能力和关键因素，比如创新能力和成本结构。业务治理指第三方物流企业的定位以及如何处理内外各种关系。

(3) 集群企业物流组织体系和流程包括流程、管理、设备以及技能。流程指集群企业物流活动的运作、流动和整合；管理指集群企业组织物流

的方式；设备指满足集群企业实现物流功能的各种设备；技能指集群企业物流人员的各种技能。

（4）第三方物流企业组织体系和流程相应也包括流程、管理、设备和技能。流程指第三方物流企业业务活动运作、流动的各种活动；管理指第三方物流企业组织业务的方式；设备指满足第三方企业提供物流活动的各种设备及技术；技能指第三方物流企业在人力方面的建议及对策。

第二节　动态供应链战略联盟模式

一、动态供应链战略联盟运作的内涵

产业集群与供应链是共生共存、共同发展的，学者们研究逐渐表明，集群内的供应链联盟关系是促使形成产业集群的重要因素。如此借力于资源的整合达到降低成本从而加强整体竞争优势的目的①。动态供应链战略联盟运作的内涵包括如下三点：

（1）动态性。基于动态联盟的产业集群物流集成模式是指产业集群内的企业通过信息共享与资源整合，完成共同的物流目标②。该模式的动态性表现为，一方面，当承担物流任务时，相关企业便组成动态联盟；当物流任务完成时，联盟企业便自动瓦解，另一方面，针对不同的物流任务，联盟内企业的数量、类别、组合方式等均会有所不同。

（2）网络性。在产业集群中，由于集群的地域临近性和产业关联性，一方面存在处于同一环节的多个核心企业，另一方面也存在与该产业相关的上下游核心企业，且这些企业均聚集在同一区域，这些企业（供应商、制造商、零售商等），通过非正式松散方式或正式的契约关系连接起来，于是多条平行的单链供应链产生了③。同时，不同单链中的核心企业存在

---

①　连远强：《产业集群与供应链联盟的关联性分析》，载《物流工程与管理》2010年第1期。

②　彭瑾：《构建以动态联盟为基础的产业集群物流集成管理模式》，载《科技广场》2010年第8期。

③　黎继子、刘春玲：《集群式供应链：产业集群和供应链的耦合》，载《现代经济探讨》2006年第5期。

着跨链竞争和协调，且存在大量处于单链供应链之外，但提供专业化配套服务的中小企业。因此，动态的供应链联盟网络由此产生。

（3）交叉性。一个企业具备双重甚至是多重身份，即可以同时是两个或者多个动态联盟的成员。多个动态联盟由此形成了一个交叉的联盟结构。

二、动态供应链战略联盟运作的流程

总的来说，首先产业集群内的某个企业或者某些企业由于自身资源不足又或者只擅长某一方面的物流运作，进而产生物流需求信息，想通过联合企业来完成物流任务，于是成为发起者。当发起者得到一些同行的响应后，同盟就会逐步形成。需要注意的是，一方面，动态联盟的发起者并不一定是领导者，某些企业会从发起者晋身为盟主，但无论是发起者还是领导者，都不具备绝对的排他性优势，不能主导物流业务的进行；另一方面，动态联盟中存在博弈现象，集群企业间具有一定的约束力。为了促进联盟内的企业协调发展达到优势互补的目的，它们根据各自的技术资源、人力资源或物流资源等进行专业化分工。随着动态博弈的进行，组织逐步步入稳定。

具体来说，供应链战略联盟的目标在于追求整体利益最大化，而行业环境、一般环境和集群企业的合作价值、协作水平等因素均会影响到联盟的整体利益。因此联盟的利益水平是会不断发生变化的，从而联盟关系会始终处于一种"构建—评价—维持/瓦解"的循环过程。动态联盟关系中的领导企业一方面要保持现有联盟的稳定，确保预期的收益；另一方面又要密切关注外界环境（一般环境、行业环境）以及企业（节点企业和候选企业）的合作价值变化，保持联盟的动态灵活性，以实现联盟利益水平的不断提高[①]。

如图5-1所示，在构建前期，节点企业的整体利益水平是A，此时选择最优合作伙伴建立供应链战略联盟关系，建立后的整体利益水平变为B。若B<A，也即构建后的利益水平还低于构建前的整体利益水平，则联盟构

---

① 严妍：《轧辊行业供应链战略联盟动态关系研究》，南京航空航天大学硕士学位论文，2009年。

想终结。反之，联盟关系会在原有供应链基础上建立起来，各节点企业也将为联盟的维持而付出相应的努力。

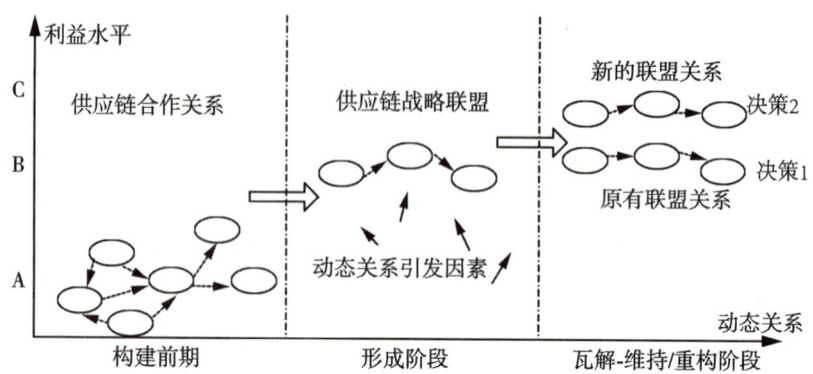

图 5-1　动态供应链战略联盟运作流程

随后，联盟关系会受到各种动态关系引发因素的影响。此时，联盟面临两种决策。决策1，也即努力维持原有联盟关系；决策2，也即改变原有联盟关系，其前提条件是，若从长期利益来看，现有联盟瓦解或调整后，能重新构建更有优势的联盟关系来实现更高的利益水平，此时利益水平提高为 C（C>B）。之后，各节点企业也将为维持新的联盟关系而付出相应的努力。如此循环，联盟关系处于不断的动态变化过程中。

三、动态供应链战略联盟运作模式的主要因素分析

1. 联盟企业的质素

首先，联盟内企业应具有一致的目标，且联盟的适应性和灵活性便于及时调整新的目标。另外，在选择合作伙伴时，应考虑备选企业的核心能力、敏捷性，也即候选企业的"合作价值"，同时综合考虑，使供应链的总成本最小和风险最小化。选择好的供应商、制造商和分销商也应有机组合成为相互关联的整体，避免孤立、片面地考虑问题。

2. 动态联盟的机制

联盟的相关机制主要包括信任机制、信息共享机制和利益分配机制等，详见表 5-1。

表 5-1　　　　　　　　　　动态联盟的机制

名　称	阐　述
信任机制	①为了防止机会主义，建立监督机制，为了事后惩罚，建立惩罚机制；②增强长期合作可能，降低短期行为；③促进信息传递，建立信息共享途径
信息共享机制	①统一业务标准；②确定信息系统，建立持续试验和检测的途径；③整合供应商与制造商双方的计划信息；④采取恰当的技术，保证系统运作的可靠性，较少运营成本；⑤保证收集信息的有效性，并保持与关键业务指标一致
利益分配机制	促进联盟企业达成共赢后，联盟内部就存在建立一个公平合理的利益分配机制。其公平性将对联盟企业的积极性造成直接影响。不合理的分配机制将有可能导致联盟关系的破裂。因此，在公平的基础上，坚持多劳多得原则、民主原则、风险利益相平衡原则和结构利益最优化原则等

第三节　跨区域虚拟物流协同运作模式

一、跨区域虚拟物流协同运作的内涵

相互封闭的产业集群之间只存在激烈的竞争关系，而缺乏协同合作互补关系。然而跨区域物流是多个区域之间的企业合作，携手组织物流活动达到区域内物流最佳化的过程。跨区域物流是一个具有特定功能的有机整体，是由时空内需要的位移物资、设置设备、人员和信息联系等彼此制约的动态要素构成。

（1）跨区域虚拟物流协作是为了降低产品在跨地区流动中的总体运作成本而建立相对稳定的跨区域合作伙伴体系，实现资源共享、优势互补和风险共担的共同战略目标。应充分利用网络信息技术和数据库技术，使原有产业集群运行突破时空限制，在更大范围内进行跨区域合作[①]，充分发

---

① 顾峥：《产业集群：虚拟企业实现跨区域互动的有效形式》，载《中共银川市委党校学报》2007年第1期。

挥节点企业各自的优势和特长并降低彼此间的交易成本。

(2) 跨区域协作选取动态联盟作为其组织方式。合作伙伴的选择基于市场机制，同时必须制定有效的约束协调机制来制约合作伙伴的行动。

二、跨区域虚拟物流协同运作的流程

进行跨区域虚拟物流协作时，企业一般会将物流业务外包出去。然而，一般第三方物流企业仅提供单项物流业务服务或者操作性的物流决策，而非整体的供应链的决策规划，容易造成局部高效、整体低效的局面，使物流外包的整体效率下降。因此，可考虑引进第四方物流提供商。相较于第三方物流提供商，第四方物流能运用信息技术和各方面的技术专家知识，对跨区域产业集群的物流资源进行整合，为集群企业提供一种全方位的供应链解决方案，也即是一种外包程度更高、功能深度上更深的物流服务。

但就目前我国情况来看，跨区域产业集群物流协作完全依靠第四方物流是不现实的。尽管第四方物流避免了第三方物流的一些短板，但依旧存在某些问题，最重要的就是由于环境的复杂性和合作者的不确定性容易导致高额的交易成本和资源的浪费①。但第三方物流拥有固定资产和更多的实际操作经验，更能获得客户的信任。因此，可以将第三方物流和第四方物流结合起来，发挥各自的优势，共同为跨区域的产业集群物流服务。其中，第三方物流偏重提供物流运输配送或仓储等具体服务，而第四方物流则侧重于提供供应链的整合管理技术，二者相互协调，相互依存，实现双赢的效果。

基于第三方物流和第四方物流合作的模式，跨区域虚拟物流协同运作模式如图5-2所示。

首先依据各种分析决策方法确定第四方物流提供商合作伙伴，然后联盟内企业共同挑选第四方物流的战略合作伙伴——第三方物流提供商，明确各合作伙伴的权利和义务，且签订合同，成立跨区域虚拟联盟委员会②。

在实体物流开始后，第三方物流进行专业化的物流服务供给，第四方物流全程协同整合控制集群企业间的物流、资金流、信息流和商流等。联

---

① 薛辉、欧国立：《产业集群下的物流运作模式研究》，载《中国流通经济》2008年第10期。

② 李学工、易小平：《基于港口资源的跨区域农产品虚拟物流协作体系》，载《港口科技》2009年第4期。

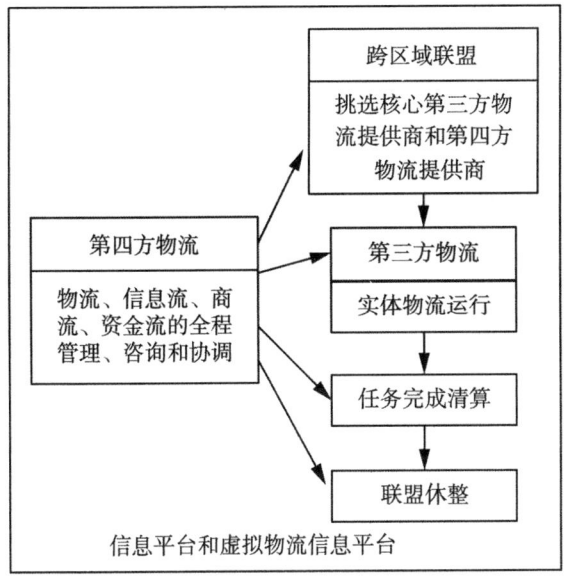

图 5-2　跨区域虚拟物流协同运作模式

盟委员会则全程跟踪整个物流运作过程,对突发事件进行处理。

在本次物流任务完成后,评价物流运作的质量,审视运作中不协调的因素;并对虚拟物流合作伙伴进行评价,分配收益。同时将处理后的数据实时输入数据库。最后,联盟进行休整,为下一个阶段作准备。

三、跨区域虚拟物流协同运作的关键因素分析

(一) 搭建跨区域虚拟物流协作平台

由于产业集群内的中小企业没有较强的资金和技术实力支撑来构建各自的物流信息系统,因此需要构建一个既能保证大企业的物流信息系统的直接接入,又能满足中小企业"即插即用"的通用的物流信息系统平台,以实现跨区域产业集群间的物流供应和需求的实时匹配和耦合,保证物流运作中各个环节的畅通无阻,节点企业物流的"无缝对接"。具体来说,此虚拟物流协作平台包括信息网络、知识网络、契约网络和实体物流网络,如图 5-3 所示。

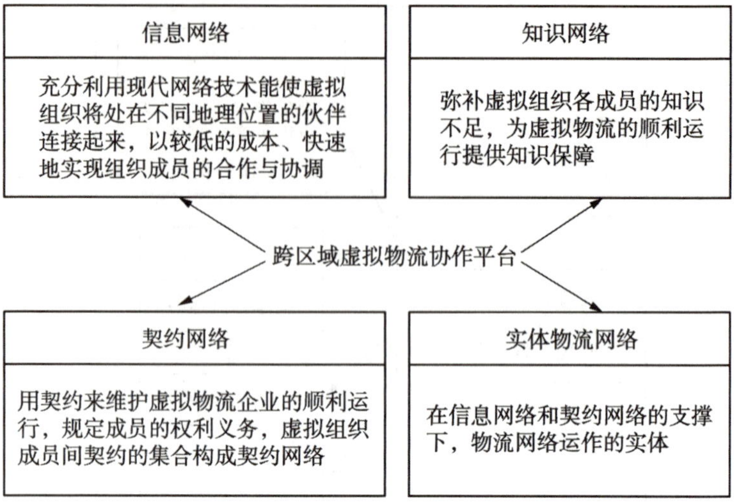

```
┌─────────────────────────┐      ┌─────────────────────────┐
│       信息网络          │      │       知识网络          │
│ 充分利用现代网络技术能使虚拟 │      │ 弥补虚拟组织各成员的知识 │
│ 组织将处在不同地理位置的伙伴 │      │ 不足，为虚拟物流的顺利运 │
│ 连接起来，以较低的成本、快速 │      │ 行提供知识保障          │
│ 地实现组织成员的合作与协调   │      │                         │
└─────────────────────────┘      └─────────────────────────┘
              ↘         跨区域虚拟物流协作平台         ↗
              ↗                                       ↘
┌─────────────────────────┐      ┌─────────────────────────┐
│       契约网络          │      │     实体物流网络        │
│ 用契约来维护虚拟物流企业的顺利运│      │ 在信息网络和契约网络的支撑│
│ 行，规定成员的权利义务，虚拟组织│      │ 下，物流网络运作的实体  │
│ 成员间契约的集合构成契约网络   │      │                         │
└─────────────────────────┘      └─────────────────────────┘
```

图 5-3 跨区域虚拟物流协作平台

(二) 大力发展第三方物流且适时发展第四方物流

目前，我国很多物流企业处于供应链中的某一个点的位置，属于供应链过程中的一部分，并不能称作真正的物流企业，与第三方物流企业标准有很大一段距离。因此，一方面应大力发展第三方物流，提供专业化的物流设置设备，吸引大量专业化物流人才；另一方面，我国现在很多相关配套设施还没有跟上来，应根据具体情况逐步发展第四方物流，不要盲目跟风般地简单进入第四方物流领域。

第四节 基于产业链整合的产业集群物流运作模式的选择

一、基于产业链整合的产业集群物流运作模式的选择依据

(一) 产业集群物流运作模式的影响因素

选择何种物流运作模式需要考虑很多因素，包括外部决策因素和内部决策因素。外部决策因素主要是外界变化造成的，企业无法进行掌控，只

能适当地采取适应性策略。而内部决策因素是企业需要重点关注和把握的,因此可以在符合企业战略发展要求的前提下,改变某些内部因素,以适应物流运作模式。但是,某些内部因素不能轻易改变,所以一般情况下物流运作模式应遵从企业内部决策因素适合的选择。需要注意的是,决策的影响因素众多,不可能在作实际决策时面面俱到,且各种因素也并非同时发生作用。图5-4列出了影响产业集群物流运作模式主要的内部因素和外部因素。

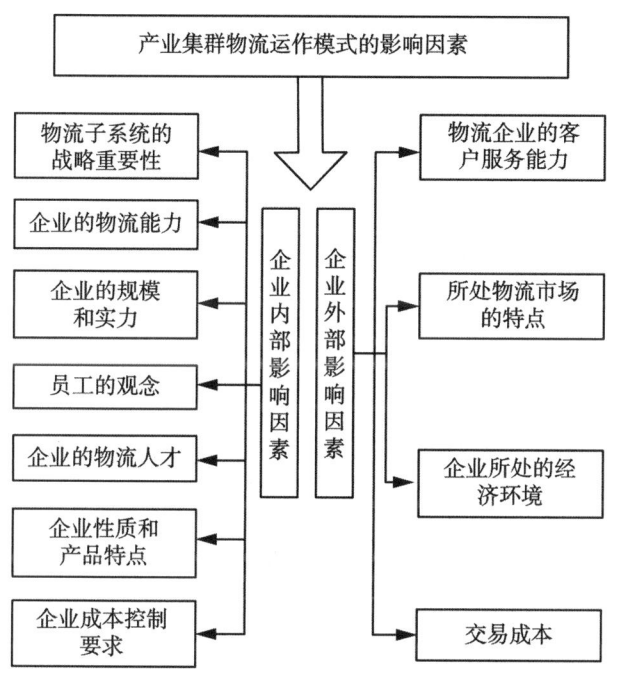

图5-4 产业集群物流运作模式的影响因素

(二) 产业集群物流运作模式的选择流程

产业集群物流运作模式的选择是一项系统工程,如图5-5所示。

首先要进行内外部环境分析,关注主要内部决策因素和外部决策因素,如企业的物流能力、企业性质和产品特点等。然后需要辨识产业集群的类型,对比分析三种产业集群的物流运作模式以此来寻找相对合适的某几种物流运作模式。接着分析产业集群内各企业的地位和物流能力,从而

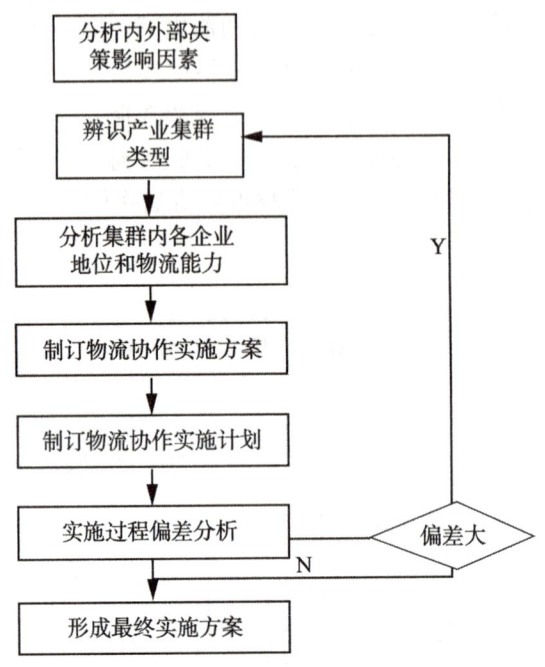

图 5-5 产业集群物流运作模式选择流程

进一步选择出最为合适的某一种物流运作模式。指定物流运作实施的方案,形成物流运作实施的计划。在具体实施的过程中,应进行密切的监督和协调管理,及时发现问题,如果发现偏差较大,则只能重新回到内外部环境的分析阶段;如果偏差较小则可以确定最终的实施方案,选定物流运作模式。需要注意的是,最终实施方案确定后,也应进行实时监控,通过对产业集群物流运作模式影响因素的分析,对方案进行评价和纠偏。

二、基于产业链整合的产业集群物流运作模式的选择模型

基于产业链整合的产业集群物流运作的理论和实践都很少,这就导致选择模式时具有不确定性、复杂性以及判断的模糊性,从而在进行运作模式选择分析时,倾向于选择能将边界不清、不易量化的因素进行量化的方法,所以本书采取模糊评价方法对物流运作模式进行选择。

(一) 评价指标构建

无论是采取第三方物流协同运作模式还是集群内企业动态联盟模式,

或者是跨区域的虚拟物流运作模式，又或者是某几种模式的结合运用，都应尽可能地使物流效应达到最大，可以从下述三个维度来进行考量，也即政府支持度、社会效应和经济效应。具体来说，可构造如图 5-6 所示的产业集群物流运作模式评价指标体系。其中，政府出台的产业政策的优劣和倾向性将会直接影响到产业集群发展的前景。政府优惠或是政府支持引导的力度决定了产业集群未来能否顺利发展。而根植于产业集群的物流运作也必定要考虑政府的态度。同时，产业集群是存在于社会中的，因此在考虑物流运作效率的同时不能忽略其所带来的社会影响。至于经济效应，并非直接考查物流绩效的常见指标，不考虑具体的经济效应，而主要从影响力的角度来进行考量。

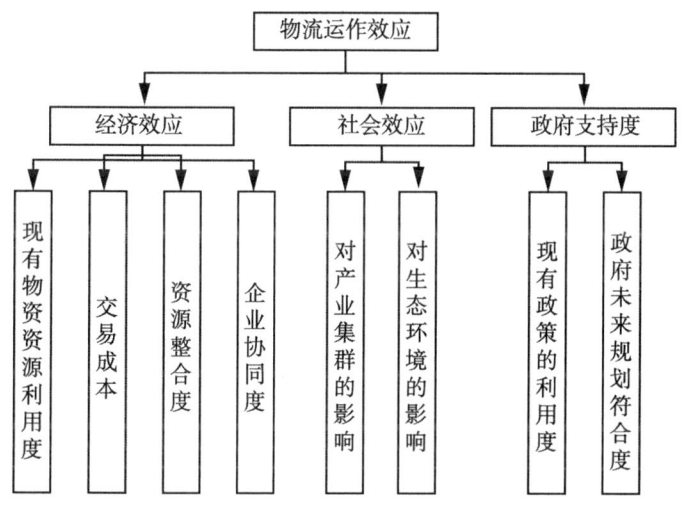

图 5-6　产业集群物流运作模式评价指标体系

（二）基于模糊评价法的选择模型

1. 确定评价对象集

如果可供选择的评价对象有 m 个，分别记为 E_1，E_2，…，E_m，则这些评价对象构成了一个评价对象的有限集合 E，也即

E =（E_1，E_2，…，E_m）

2. 确定因素集

评价产业集群中物流运作模式的各种因素构成了因素集，是指影响产

业集群中物流运作效率的评价指标。依据评价指标体系,构建有 n 个评价指标的评价指标体系 I,也即

I = (I_1, I_2, ..., I_n)

3. 确定评语集

如果根据实际情况需要将评语划分成 p 个等级,用来刻画每一个影响因素所处状态的 p 种决策,分别记为 v_1, v_2, ..., v_p,则又构成一个评语有限集合 W,也即 W = (U_j ∈ [0, 1], v_2, ..., v_p)。一般等级不宜划分过细或过粗,一般划分 5 到 7 个等级。本书划分为 5 个等级,即 V = (v_1, v_2, ..., v_5) = (非常好,好,一般,差,很差)。

4. 确定权重集

为了确定相对重要性,可由专家根据自身的经验和以往企业运作中积累的经验数确定权重,也可采用层次分析法。

5. 评价矩阵描述

从 I 到 W 的模糊关系,用评价矩阵 D 来描述,也即:

$$D = \begin{bmatrix} D_{11} & D_{12} & D_{13} & \cdots & D_{1b} \\ D_{21} & D_{22} & \cdots & \cdots & \cdots \\ \cdots & \cdots & \cdots & \cdots & \cdots \\ D_{a1} & D_{a2} & \cdots & \cdots & D_{ab} \end{bmatrix}$$

其中,i = 1, 2, ..., a; j = 1, 2, ..., b,表示对第 i 个评价指标做出的第 j 级评语的隶属度。对于那些难以量化的评价指标,则采用模糊统计方法确定其隶属度。

6. 模糊综合评价

对指标权重向量 W 与 D 实施模糊运算,便得到 V 上的一个模糊子集 U,简记为一个 a 维模糊向量形式,U = (U_1, U_2, ..., U_a),其中 U_j 为 U 中相应元素的隶属度,即被评价对象具有评语 V_j 的程度,且 U_j ∈ [0, 1],j = 1, 2, ..., m。它即是模糊综合评价的结果。

第六章 基于产业集群的物流系统支撑体系

以往对于物流系统的支撑体系多从系统整体角度出发,本书开辟了一个新的视角,即基于产业集群的物流系统支撑体系进行研究。从物流系统的构成即物流主体、物流客体和物流载体三个角度来分别探讨其各自的支撑体系,从而构成整个物流系统的支撑体系。

基于产业集群的物流系统主体包括运输、仓储、第三方物流和包装等物流企业,它们是专门为产业集群提供物流服务的物流组织;物流系统中的物流客体主要指企业与消费者中产生的物流服务需求和集群内的企业;物流系统中的物流载体主要是指物流信息平台、物流协同管理平台和物流基础设施平台①,如图6-1所示。

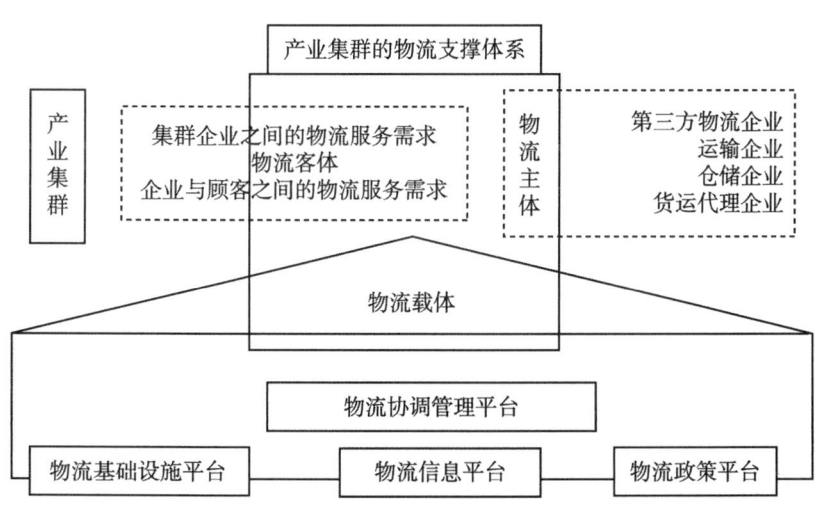

图6-1 产业集群的现代物流支撑体系结构图

---

① 王燕:《长沙市产业集群的现代物流支持体系发展研究》,湖南大学硕士学位论文,2007年。

第一节 基于产业集群的物流系统中的物流主体支撑体系

一、基于产业集群的物流系统中的物流主体构成

生产企业目前所采用的物流模式包括以下三种：第一，根据企业本身的物流运作系统；第二，依靠物流服务商的专业化物流服务；第三，企业自身物流系统与物流服务商的结合。就生产企业如何发展现代物流系统而言，有这样两个途径：其一，随着物流现代化进程加快，企业按照社会对物流的需求进行现代化改造；其二，直接依赖于物流服务商的专业化服务。

就目前来看，我国物流服务商的专业性物流服务还不成熟，无法满足企业生产经营多样化的需求。所以集群中的企业可以通过对现有物流资源进行整合，提高整体运作效率以达到发展的目的。例如，企业具备物流的基础设施设备，并有较强的物流系统运作能力，企业可以单独将物流分离出来，进行专门的社会化物流活动。集群中的核心企业遍布网络节点，配送业务和物流活动量比较大，可以根据上述方法建立大型物流配送中心。而小型的零售企业可以通过整合各自分散资源成立专业的物流配送企业，使得资源灵活利用，促进传统企业的储运业务转向社会化、市场化和专业化经营，推动全社会物流服务走向新水平。

二、基于产业集群的物流系统中的物流主体支撑策略

本书认为，第三方物流的发展是解决产业集群内外物流的关键。具体措施如下：

（1）分离和改进自营物流。引导和鼓励企业的物流自营机构，持续改进，加强业务能力水平，到一定程度与母体剥离，完成从企业物流到物流企业的演化，使其发展成为第三方物流企业。

（2）提升一批传统物流企业。加快传统的输运企业、仓储企业、货代企业、邮政企业等向现代物流企业转型。通过整合资源实现优势互补，加强增值服务能力，延长服务领域。

（3）引进大型物流企业。在保证物流运作环境的良好情况下，通过引进先进的物流企业带动物流业的发展。

(4)培育发展一批骨干物流企业。加大物流市场的开放程度，引导和支持各种投资方加入物流市场，整合重组传统物流企业或建立第三方物流企业；加强物流企业之间的合资合作，建立物流企业联盟，共同做大做强；鼓励有实力的物流企业"走出去"，建立物流网络实体，或与国内外先进物流企业合资合作，迅速提高自身实力和核心竞争力。遵从"扶优、扶强"的原则，加大对龙头物流企业的扶持力度，促其尽快做大做强，充分发挥其示范带动作用。

第二节 基于产业集群的物流系统中的物流客体支撑体系

一、基于产业集群的物流系统中的物流客体构成

集群企业对未来的物流服务提出了新的要求。传统的物流服务包括市内配送、干线运输、仓储保管和包装加工等功能，而集群企业的物流服务有物流咨询与管理、物流银行、开发物流信息系统、物流系统再设计和供应链改善等。其中干线运输、市内配送、物流管理与咨询、物流系统改造和仓储保管是集群中物流企业服务的主要内容。物流的咨询管理服务与系统改造服务引起了企业普遍的重视，可知新兴的物流服务已经越来越受到企业的关注，所以物流管理公司在未来将有很大的发展空间。

物流服务分为两大类：基础物流服务、专业化物流服务和金融服务，具体内容如表6-1所示①：

表6-1　　　　　　　　　　　物流服务分类

传统服务	仓储保管　干线运输　市内配送　包装加工
专业服务	定做信息条码　开发物流信息系统　物流系统再设计　物流咨询与管理
金融服务	代为报关　代结贷款　保理业务　仓单质押　物流银行

基于产业集群的现代物流服务应定位在发展现代的专业化物流服务。首先应注意发展基于基本功能延伸的增值服务，然后向供应链集成式的

---

① 高少军、黄章树：《晋江产业集群的物流运作模式探讨》，载《物流技术》2006年第1期。

增值服务发展，阶段性物流服务平台发展定位内容的发展，如图 6-2 所示①：

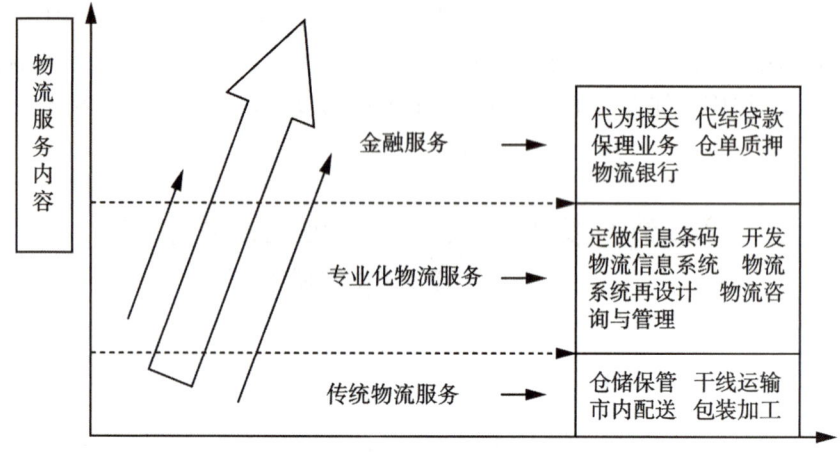

图 6-2　阶段性物流服务平台发展定位内容

二、基于产业集群的物流系统中的物流客体支撑策略

（一）传统物流服务支撑措施

对传统物流服务有形资源和无形资源进行整合，其中有形资源指基础的设施设备等，无形的资源泛指企业运作能力等。可以模仿发达国家的物流资源整合模式，进行并购新服务产品和建立广泛的战略联盟，完善传统物流服务网络。生产企业物流包括生产物流、采购物流和营销物流，生产物流市场潜力巨大。像这种情况，可以采取两种措施。第一，整合物流资源，建立自营物流，实行一体化管理；第二，剥离自营物流并逐渐发展成为第三方物流企业。生产型企业鲜少建立自己的物流设施，可以重点支持核心物流企业改进物流运作模式，通过整合可以利用的资源，扩大增值服务功能，延伸服务领域，或与大企业结成战略联盟等多种形式，加速向现代物流企业转型。

---

① 马建会：《构建现代物流支撑体系，提升珠三角产业集群核心竞争力》，载《商业经济文荟》2006 年第 3 期。

(二) 专业物流服务支撑措施

通过流程再造和重组，采用现代化的物流技术和管理方法对供应链进行优化，实行原材料、零部件"零库存"管理，降低物流成本，加快资金周转。支持国内外知名的物流企业参与生产企业的物流资源整合，为生产企业重点产品产业链的延伸发展提供专业化物流服务。政府需要促进物流信息化的建设，包括信息条码的使用、物流信息系统的开发、系统的设计和物流咨询管理等信息服务。

推动建设信息网络基础传输平台，完善信息基础设施建设：加快区域信息交换枢纽中心和电子商务中心建设，建立健全电子商务认证体系、建立完善的网上支付系统和物流配送系统。信息平台搭建起来后，需要对其进行推广并得到运用，其中最重要的就是与电子商务的融合；根据建好的物流信息平台优势，联结制造商、供应商和用户，对物流运作的过程进行管控。在公共平台的基础上，加快完善电子商务的发展，加快建设网上交易系统、网上支付系统及相关的物流配送系统。

(三) 金融服务支撑措施

专业物流金融服务包括代为报关、代结货款、保理业务和仓单质押等，这些服务可由政府出台鼓励措施，与相关金融机构合作建立囊括物流金融服务的物流银行。物流金融服务逐渐成为银行与物流企业合作的方式，有些银行已率先进行物流金融的探索，比如广东发展银行在国内首创的"物流银行"，以物流企业的专业化服务为基础，联合银行、生产企业和经销商，集物流、信息流和资金流为一体，封闭运作，为企业提供全程金融服务。这种银行运作突破了传统的地区限制，在没有网点的地方进行业务活动，实现了企业与经销商之间业务往来的快捷，保证物流公司及时提供配送服务。物流总代理、供应链改善等物流服务则需要政府把握好生产性物流市场的发展趋势和定位，视市场的适用能力引进国际知名物流代理和供应链管理企业，为生产供应链的完善注入先进的管理理念和技术[①]。

[①] 姜华：《试论区域物流发展与区域产业集群竞争力》，载《新疆大学学报》2006年第6期。

第三节　基于产业集群的物流系统的物流载体支撑体系

一、协同管理平台的治理模式分析

产业集群的服务能力受限于物流系统运作的成本和效率，这主要是因为服务的成本和效率决定了业务辐射的范围。亚当·斯密有一个著名论断："分工程度受市场容量大小的限制。"专业化分工式的生产效率普遍提高，但失去了物流系统的支撑，生产效率将会受到影响。协同管理是一个极其复杂的系统，并且数据非常难获得，本书根据产业集群的具体特征，只是为其物流支持体系的协同管理平台中的治理模式提供一些建议。

治理模式意指交易的组织模式。威廉姆森根据交易的次数和资产属性将其分为四个类别：市场治理、三边治理、双边治理和一体化治理。市场治理是由单纯的市场竞争实现的；三方治理是包括双方和第三方共同协调的交易次数少的模式，适用于专用性较高的交易；一体化治理也叫单边治理，这种模式是企业内部统一运作和控制；其中三边治理和双边治理属于中间治理结构①。

双方选择是否进行物流合作以及选择哪种合作治理模式往往取决于最大化收益与合作成本之间的差额。但如果企业双方已经达成合作意愿，就需要关注如何选择成本最小化的治理模式。在考察了产业集群物流合作的综合成本基础上，分析不同治理结构的相关情况，进行总结比较，形成产业集群物流合作治理模式（见表6-2）：

表 6-2　　　　　　　　**产业集群物流合作治理模式**

	市场治理	三边治理	双边治理	一体化治理
节约物流成本类型	第一类物流成本	第一类 第二类	第一类 第二类 第三类	第三类
专用投资	无	高	很高	最高

---

①　转引自长沙市商务局课题组：《长沙市现代物流发展战略研究》，2006年，第8~11页。

续表

	市场治理	三边治理	双边治理	一体化治理
治理机制	价格机制	第三方解决机制	信任关系机制	科层机制
契约形式	市场治理	三边治理	双边治理	
物流特征	标准化物流服务	定制的物流服务	专用的物流服务	高度专用的物流服务
合作期限	短期	短期	长期	
转化成本	无,或者很低	高	很高	

综合产业集群物流合作的治理结构分析情况,可以知道对于非专用性投资的标准化物流服务可以采用市场治理结构;对于短期合作需求,一定专用性投资的物流合作可以采用三边治理模式;对于较高程度的专用性投资的物流合作,为了保证专用性投资能够收回,合作期限一般较长,采用三边治理交易成本太高,应该采用双边治理;对于专用性投资程度更高的物流合作,可以通过一体化集成到一个企业内部,选择一体化治理模式(见表6-3)。

表6-3　　　　　　　　　产业集群物流治理模式分析

产业类型	物流成本类型	专用投资	物流特征	合作期限	转换成本	治理模式
优势产业	第一类 第二类 第三类	高	高度专用的物流服务	长期	很高	双边治理 一体化治理
新兴产业	第一类 第二类 第三类	无	定制的物流服务	短期	低	三边治理 双边治理
传统产业	第一类 第二类 第三类	无	标准化的物流服务 定制的物流服务	短期	无	市场治理 双边治理

根据表6-3的分析,现给出如下建议措施内容:

1. 优势产业物流治理模式

优势集群的物流发展所需专用投资比较高,产品也需要高度专用性的服务,而且合作的周期一般很长,专用投资和高转换成本在短期内是无法改变的,二者的矛盾促使三大优势产业集群的物流治理模式主要依赖于双边治理和一体化治理。

由此推断,在全面了解产业内部物流特性后,政府可以参与进来,促进产业内企业和产业外物流企业发展,如符合产业发展特性并且具有先进管理经验的物流公司,完善其产业链,确定三大优势产业集群物流治理模式,并为产业市场的扩容作好充足的准备。

2. 新兴产业物流治理模式

新兴三大产业的物流发展仅仅需要定制的物流服务,因此产业外的物流服务一般能够满足产业物流的发展,但是由于三大产业的产品差异性比较大,转换成本存在不确定性,所以三大新兴产业的物流治理模式主要是三边治理和双边治理。那么政府应出台物流外包的鼓励措施,不断地完善物流市场,突破区域位置的限制,为新兴物流产业的发展节约更多的资本以加速产业的形成。

3. 传统产业物流治理模式

传统优势产业的物流发展需要标准化的物流服务和简单的定制物流服务,这种情况基本不存在差异性,大大节约了契约成本。并且双方的合作期限比较短,因此其物流治理模式基本上是市场治理和双边治理。由此可知,政府应完善基础性物流设施的功能,促进冷链设施和管理的完善,并大力推进物流标准化,降低如粮食和烟草等进出口的受限度,从而实现与国际物流的接轨①。

二、基于产业集群的物流系统的物流载体支撑策略

(一)物流基础设施平台

物流基础设施平台可以将各种分散的要素集中起来,推动城市化、工业化和产业化的进程,促使产业在空间上不断集中,形成"聚集效应"。物流基础设置平台是指在整体服务的某些节点上,满足管理需要的单一功

---

① 陈忠文、张小青:《论欠发达地区产业集群支持系统中的现代物流体系建设》,载《交通企业管理》2007 年第 4 期。

能场所或组织。在集群供应链中的物流需求，具有相对集中或分散的特征，所以在平台建设过程中，除了满足整个成熟物流发展需要之外，也要满足这个特征①。

1. 物流运输基础设施

物流运输基础设施主要是对交通网络体系进行完善。将产业集群的集聚特征融入到铁路设施的发展中，建立适应现代物流发展的多元化经营机制；并与公路网络及其他运输方式相结合，为产业集群供应链的拓展和延长提供基础；水路基础设施发展过程中，应重视集装箱进出口能力的建设，提高规模经营能力和竞争能力，为产业集群业务的境外拓展创造机遇。

2. 物流运作基础设施

合理规划建设与产业配套的物流运作基础设施，充分利用现有的物流资源和基础设施，注意物流园区网络、运输枢纽网络以及产业集群网络三者之间的有效衔接，建立以现代综合交通体系为基础的物流园区和物流中心。根据各自的优势建立长期有效的合作，为供应链提供网络连接、联合采购和中转等服务。一方面，园区内部资源得以充分利用；另一方面，集群的发展有了良好的服务作为依托。

3. 物流辅助基础设施

物流辅助基础设施主要指现代信息技术。信息是物流运作的基本要求，为了完善集群内的各项功能，建立公共信息平台是必要的。可以利用网络技术将各个网点结合起来，改变有点无网、有网无流的状况。还可以充分利用数据交换、管理信息系统、射频技术、地理信息系统和全球定位系统、计算机集成制造系统、企业资源计划以及其他物流技术，构建完善的物流协同管理平台。

(二) 物流政策平台

政策环境是顺利进行业务活动的前提，物流政策的制定需要从微观入手，切实地表现出产业集群的需求②：

(1) 引进与本地产业集群关联度大、带动力强的物流项目以及配套产业；

---

① 马燕、李焱:《依托产业集群发展长珠三角物流业》，载《区域物流》2006 年第 4 期。

② 陈通、李钊军:《基于产业集群的物流中心构建研究》，载《现代物流》2003 年第 10 期。

（2）设立物流产业发展领导小组，统一领导协调产业集群与其相关物流支持体系发展的相关事宜；

（3）建立现有涉及物流产业发展部门的物流工作联席会议制度，实现管理协同；

（4）将现代物流业作为吸引国内外投资的重点，包装推出一批大型物流项目，纳入全市招商计划；

（5）将集群内的核心企业作为试点，剥离物流业务，逐渐推广第三方物流。

（6）设立龙头物流企业、重点物流项目认定机制，龙头物流企业除享受有关优惠政策还可向客商重点推荐，优先承担外包物流业务；

（7）鼓励产业集群中有条件的大中型企业的物流从主业中分离出来，给予企业所得税一定的优惠；

（8）鼓励采用先进物流技术和设备，推荐企业申请中央国债贴息资金项目计划和科技三项经费。

（三）物流信息平台

因为在产业集群内，企业比较多，并且企业之间有明确的分工和合作，相关企业之间的影响因素也非常多，所以，为了实现企业间的高效合作和交流，物流信息平台就必须发挥一定的作用，时刻掌握最新的信息，关注数据的流向，从数据中得出更多有用的信息，来为各个企业提供服务。所以，物流信息平台的体系结构应该从数据采集层、数据源层、数据处理层、数据仓库层、分析应用层五个层面进行设计，采用多层架构，从而实现各层之间的松耦。具体情况如图6-3所示[1]：

1. 数据采集层

采集数据时，可以采用数据手工录入或者数据导入等方法，这时，数据的格式可能不是完全标准的，所以我们就需要一些相关系统（信息采编系统和信息转换系统）进行转换，使采集的数据都变成标准数据。

2. 数据源层

根据数据的不同特点，可以对数据库进行划分，在此数据源层被划分为记录物流行业相关标准信息的行业标准数据库、记录物流企业的微观业

---

[1] 孙淑生、海峰：《基于产业集群的区域物流系统与运作模式》，载《物流技术》2007年第7期。

第三节 基于产业集群的物流系统的物流载体支撑体系

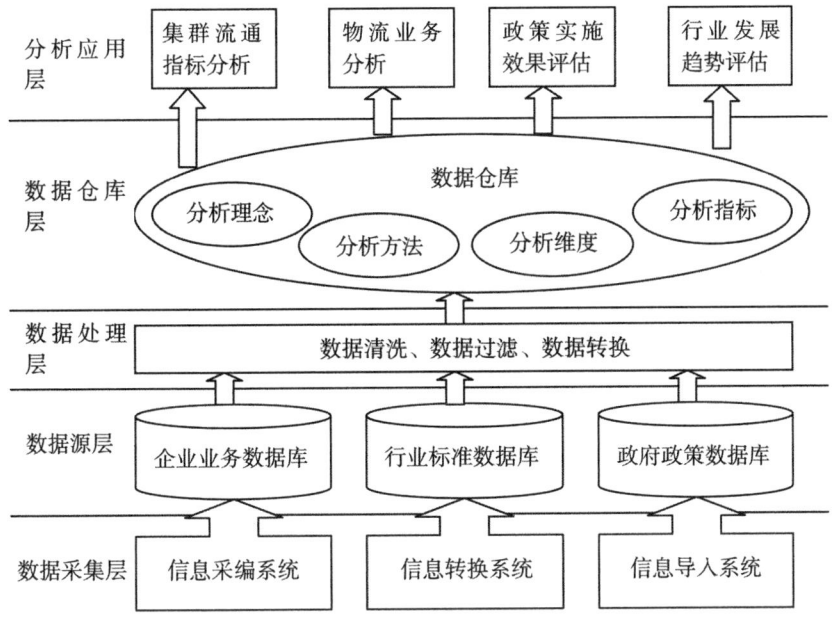

图 6-3 数据平台架构设计图

务数据的企业业务数据库和物流相关政策数据库三部分。

3. 数据处理层

这个层面主要是加工和处理一些数据信息。这个过程的业务主要是对数据进行清洗、筛选、过滤、转换等操作。在对数据加工和处理之后，接着对各个数据库中的数据进行集中，最终形成综合数据库。

4. 数据仓库层

数据在经过处理层的加工、处理和整合后，就会形成综合数据库，这个数据库中储存有大量的数据，这些数据经过一定的方法和理论处理分析后，可提炼出更多有用的信息，为产业集群中企业的物流活动提供一定的支持。

5. 分析应用层

这个层面，主要是利用一些技术和模型对储存的数据进行分析和处理，挖掘出更多的信息为客户提供服务。常用的分析方法主要有：神经网络法、大树分析法、基因算法、定量和定性相结合的方法，还有动态聚类算法等。

107

第七章　基于产业集群的物流系统构建与运作案例

第一节　晋江产业集群物流运作现状

一、晋江产业集群发展现状

目前来看，晋江产业集群的发展路径有两条：

第一种产业集群方式的发展途径是由综合实力较大的领头企业先进行扩张和发展，它们发展到一定程度后，依据自身的实力协助和拉动其他中小企业的发展。资源和基础的贫弱，迫使晋江必须要依靠市场和政策的扶持吸引其他的投资者来这里投资办厂。因为这个地方本身资源比较短缺，地理位置不优越，完全依靠自身的实力没法进行可持续发展。吸引了外来投资者之后，会带来先进的设备和优质的人才等资源，他们在这里进行生产、加工和经营，拉动了这个地区经济的发展。由于种种原因，可能是这里的地理位置，政府的政策或者是当地的人文精神，越来越多的企业开始在这里聚集。

这种聚集的现象，在那个时代被称为"专业镇"或者是"专业村"，并没有引入"产业集群"这种说法。但是，越来越多的企业聚集，为了在市场中占有一定的份额，企业必须提升其市场竞争力，必须不断进行创新和发展。这样，在竞争中，由于一些企业本身的基础薄弱、管理不当等，最终被挤出市场。然而，还有一些企业，在竞争中激发了创新和发展的动力，最终会形成自己的品牌形象，扩大市场占有率和影响力，这样，渐渐地，它们就会成为这个市场中的"老大"，依据自身的实力，带动周边中小企业发展。

有的企业为了降低经营的成本和满足市场的需求，会集中力量发展自己的核心业务，一些不擅长的业务就会外包出去。这样企业就会不断加大与其周边企业的合作力度,促进了周围企业的发展。在这个基础上,就形成了产业集群,也逐步建立了地方生产系统。

第二条发展路径是由政府主导形成工业园区,目前来说还不是很成熟,如五里高科技园区、安海湾工业园和晋南出口加工区三大市级工业片区,如表7-1所示。其中五里科技园区规划12平方公里,安海湾10平方公里,晋南8平方公里。三大片区之间产业各具特色、互为联动、协作配套,形成了"三区一体"的功能格局。其中五里区计划建设成为一个多功能、综合型、环保型的海湾工业区(现已建成);晋南出口加工区计划建设对台贸易区(现已建成)。

晋江工业园区分布及其目标详情见表7-1所示:

表7-1　　　　　　　　晋江工业园区分布及其目标

园区名称	主要产业	预期目标
五里工业园区	高新技术产业;一、二类无污染产业	2016年建成晋江新兴高新技术产业基地,现代化工业制造基地和出口创汇基地
安东工业园区	电子、玩具、服饰、鞋类等传统优势产业	2010年建成环境优美的现代海滨工业区和物流基地(现已建成)
晋南出口加工区	仓储、加工、物流中心、配送中心	计划建成重要的对台贸易区和出口加工区(现已建成)

二、晋江物流业发展现状

晋江主要的是道路和水路运输。在2009年的时候,道路货运量就大幅度增长,达到了1260万吨,同时水路也完成了将近30万吨的货运量。而且这些物流企业也不断地扩大规模,加大业务量,货运设备也在不断改进和增长,车辆数量与日俱增。在这一年,晋江物流企业的数量也达到了50家左右,这些企业中,一些物流企业已经有了自己的独特优势,例如象屿、鸿达、华丰[①]。

两个物流园区、两大物流中心和六大配送中心是当前晋江市对物流建

---

① 殷锐:《河源产业集群物流运作模式研究》,载《出国与就业》2009年第1期。

设的初步规划。

1. 物流园区

一是围头物流园区,这个物流园区主要是以晋南纺织服装产业集群和国际工业原料城为依托。主要的业务是一些纺织品、集装箱和散货的处理和加工、整合和流通。主要的功能是对一些原材料和产成品进行生产、包装、流通、仓储、运输和配送等,同时还提供一些商贸服务。二是闽南综合物流园区(内坑),设立于福厦高铁晋江站综合经济区,这个经济区主要包括商务区、多功能仓储区、保税区、公共服务设施区和管理中心区。该园区开展的业务既有保税业务,也有非保税业务,并将在全省率先探索"无水港"做法,开展"无水港"物流业务。

2. 物流中心

物流中心主要有两个:一是五里物流中心,另一个是美旗物流中心。前者主要从事一些基本的物流业务,像运输、配送、包装、流通加工和仓储等,主要服务的对象是一些在物流园区内的企业;后者是位于泉(州)厦(门)高速公路晋江出入口处。这个物流中心的规模比较大,将带动经济的发展和提供大量的就业岗位,会有大量的交易机会,形成大量的交易额。另外,这个物流中心的建立,还会为海峡西岸及台湾原材料、工业品的交易、合作提供了平台。而且,美旗城还会设立台湾馆,引进一些风味小吃和当地有特色的产品,为台湾商人和大陆企业家的合作提供一定的平台。之后,陆续会设立东盟馆、欧洲馆、美国馆等一些机构,加强物流企业的国际化进程。

3. 配送中心(如表 7-2 所示)

表 7-2　　　　　　　　晋江六大配送中心

	配送中心名称	主要功能
1	陈埭鞋材配送中心	提供货物集散、配送、仓储、信息服务等服务
2	磁灶陶瓷配送中心	磁灶镇内各专业市场和陶瓷企业提供一体化的物流服务
3	东石伞具配送中心	主要提供伞具、五金等材料的仓储、拣选、配送、信息服务等物流服务
4	龙湖综合配送中心	为服装纺织企业和海峡工业原料城提供仓储、区域配送、成品发运、流通加工等物流服务

续表

	配送中心名称	主 要 功 能
5	安海综合配送中心	主要从事国内整车，散货运输，国际海、陆、空进出口货物运输代理业务及广东珠三角的集装箱拖车服务，包括订舱、中转、仓储、集装箱拆装、拼装、报关、保险、拖车等多式联运服务及代理出口业务
6	池店综合配送中心	大力发展配套专业市场，发展面向晋江市内，以水产品、水果等基本生活资料供应为主的区域性物流配送服务

三、晋江产业集群物流运作存在的问题

产业集群的构建是基于供应链整合基础之上的，而物流运作的好坏将关系到供应链整合的成功与否。虽然晋江正在进行物流的发展与规划，但是由于起步比较晚，发展是一个很漫长的过程，在一些管理方面经验也比较缺乏，所以物流企业整体的发展还不是特别有条理。建设的速度还跟不上产业集群的发展①，总的来说，主要有以下几个方面的问题：

1. 产业集群缺乏相应的物流配套设施

由于物流发展的基础比较薄弱，起步晚，规模小，规划建设也开始得晚，到目前还没有配套的物流设施为物流企业的发展提供技术支撑。一方面，不管物流业务是不是企业的核心业务，大部分企业都不进行业务外包（委托第三方物流公司），而是自己进行经营和管理。这样就会造成一定的弊端，非专业化的管理将导致物流效率低下，运行成本增加。另一方面，产业集群内缺乏专业的第三方物流服务组织来为集群企业服务，没有一些综合实力比较强、资源丰富、技术和设备先进、人员专业的大型物流企业为之提供服务。而仅仅存在的一些物流公司的规模都比较小，办理业务的效率低下，没有专业的设备和资源优势。有的物流服务企业仅仅只是把原来"运输"的牌照简单改成了"物流公司"，这样的公司，一般来说，没有专业的管理人员，办理业务比较随意、不专业。这两个方面将导致物流效率低下，同时集群内企业无暇整合集群内部的其他资源。

---

① 高少军：《晋江产业集群的物流运作模式探讨》，载《物流技术》2006年第1期。

2. 集群企业信息化程度低

晋江作为国内经济发展比较快、现代化水平也比较高的城市，照理说，一个地区的信息化程度应该和该地区的经济发展水平成正比的关系，晋江市的现代化水平比较高，信息的发展应该达到一个很高的程度。但是，事实却是相反的，在这些企业中，信息化水平都还比较低，设备也不先进。这种不平衡、不成比例的发展情况的原因在于企业发展水平较低，对信息的发展和应用不重视，没有完备的信息平台和先进的信息系统为企业提供服务，没有重视现代化技术和设备的开发和应用，还沉浸在传统的生产和经营模式中。同时，晋江市一些物流企业的结构安排也不是特别合理，应该对此进行重新整合和管理。所以，企业内应该加强信息平台的建设和利用，实现集群企业间的信息共享，以快速响应市场。

3. 物流发展遇到管理瓶颈

一是人才瓶颈，从晋江目前的人才结构来看，晋江人才的总体水平较低，同时缺乏物流管理型人才，因此要使晋江的物流运作趋向成熟，引进先进的人才是十分关键的，专业的物流管理人才，可以结合物流企业的现状和特点，以及一些专业的理论进行物流业务的管理和操作，这对物流企业的发展是很必要的。二是管理体制较滞后。三是缺乏有效的管理法规。

4. 物流业务层次偏低

一方面，大部分物流公司从事的是一些基本的和简单的货物的运输、储存和配送，单单实现了商品的位移，服务方法比较单一和原始。但是，对于晋江市的一些产业来说，他们的市场主要是一些外部的公司和客户，产业"两头在外"的模式就需要与一些有实力的、综合的、大型的物流公司进行合作。但是，到目前为止，还没有物流公司能够形成一条物流链和这个产业链上的所有业务相匹配。另一方面，在一些增值业务方面，例如货物监管、流通中进行货物加工、动态监控市场、及时准确地进行信息提供和传递、成本控制等，物流企业涉及的还比较少。特别是一些高水平的综合服务，例如，物流方案的设计和全程服务等业务，晋江产业集群内的物流企业还未开始涉足。

第二节 晋江产业集群物流运作系统的构建与运作模式

通过分析可以看出，物流业在晋江新一轮的经济发展中占有举足轻重的地位,因此摸清如何进一步完善物流业,以推动晋江产业集群的发展,为晋江的整体经济发展服务至关重要①。

一、基于第三方物流的晋江产业集群物流运作系统

(一) 系统构建

目前,我国正积极培育第三方物流企业,推动现代物流发展。第三方物流供应商能充分利用其网点优势、专业技能优势和信息技术优势,有利于集群企业扩大市场半径和开拓新市场②。第三方物流企业的实力将直接影响到为集群企业提供的物流服务水平的高低,越来越多的生产企业有意识的将物流业务外包给第三方物流企业。发展第三方物流,将集群企业不擅长的运输、包装、仓储等业务外包出去,对晋江产业集群的发展来说是个合适的选择。这对第三方物流企业的综合实力要求比较高,这个企业必须具有专业的人才和技术设备,对资源进行统一的整合和有效利用,目前,晋江市的第三方物流企业都还处于起步阶段,所以,此时政府必须发挥一定的作用,采取相应的政策来引领、鼓励第三方物流服务供应商做大做强。政府还应鼓励集群内的企业将自己不擅长的业务进行外包给第三方服务供应商,主要发展经营自己的核心业务。这样,建立起来的第三方物流服务供应商就可以为集群企业提供采购、包装、仓储、运输配送以及相关信息处理的一体化物流服务,进行供应链的整合工作,从而促进产业集群网络化物流水平的发展。

(二) 运作模式

根据上述物流运作系统,①客户向销售部门发出需求申请,得到信号后,销售部门同时给生产部门和采购部门发送订单信息,然后生产部门将根据订单信息制订生产计划并进行生产,之后将生产信息传给第三方物流企业;采购部门向供应商发出采购订单,之后也将订货信息传给第三方物流企业。②供应商可以借助这个信息查询平台及时地了解货物的信息状况,从而控制自己的库存和调整生产计划。然后把自己的物资供应计划传

---

① 王建文:《完善晋江现代物流体系的初步思考》,载《金融经济》2008年第5期。
② 胡保亮:《产业集群中的第三方物流及其特征探讨》,载《华南理工大学学报》2009年第1期。

递给第三方物流企业。③生产完成后，第三方物流企业按照订单的要求，去供应商处取货，并且运输到配送中心（离核心企业比较近）。④运输的货物放在配送中心，然后核心企业发出货物需求指令，接着配送中心进行准时配送将货物送至核心企业的生产中心。⑤第三方企业对生产的商品有进行储存和保管的功能。生产完成后，并不是直接运送到经销商或者是客户的手中，而是，存放在第三方物流中心，当销售部门发出发货指令后，第三方物流中心才开始直接把产品配送给客户。

二、晋江产业集群物流系统的配套设施建设

（一）产业集群组织结构调整

以第三方物流为基础的产业集群物流运作系统中，集群内企业均无需再设立各自独立的物流管理部门来管理各自的物流业务。第三方物流公司虽然是从一些企业中分离出来的，但是它作为一个独立的公司，是各自独立进行管理和经营，自负盈亏的。同时集群外的第三方物流企业也会进驻产业集群。在这一过程中，随着第三方物流服务功能的不断完善与提高，第四方物流也会逐渐被引进来，主要负责为企业设计一整套的物流方案，并且要对方案实施的整个过程进行跟踪和监管，对于出现的问题，及时解决。这样可以提高整个产业的运作绩效，为整个产业的发展提供动力和便利。

一般来说，第三方物流企业这种模式的形成和转变要经历一定的阶段，需要经历如下三个阶段的培育，才能逐渐成熟起来①。

（1）扶植阶段。当作为子公司的第三方物流企业刚刚成立之时，母公司就会与之签订中短期的物流服务合同。此时第三方物流企业的物流服务还不够完善，不能完全满足服务的需要，很大程度上需要依赖母公司的扶持。

（2）引入竞争阶段。在适当的时候母公司需要将市场竞争机制引入企业的第三方物流服务领域。也即改变先前的由下属的第三方物流子公司独家经营或者垄断经营的方式，积极地将企业所需要的物流服务有条件地面向集群内所有的第三方物流企业开放招标。

（3）自由竞争阶段。经过前两个阶段的历练，下属的第三方物流企业

---

① 陈俊杰：《泉州产业集群物流一体化研究》，华侨大学硕士学位论文，2009年。

逐渐发展壮大,有能力参与集群内的第三方物流市场的竞争。母公司所需的第三方物流服务,将面向集群内所有的第三方物流企业开放。下属的第三方物流子公司,将参与集群内所有第三方物流企业的竞争。这个阶段是挑战,同时也是机遇。下属的第三方物流子公司不仅可以承担母公司的物流服务,也可以承担产业集群内其他企业的物流服务。

(二) 投资构建适合中小企业的物流信息共享平台

随着信息技术的发展,信息的应用在企业中越来越重要,尤其是在现代物流业中,信息的充分共享和及时流通可以有效地降低企业的成本,增加企业的收入,提高服务质量和运营效率,信息化的外延和支撑是信息平台,在信息共享的基础上形成由生产、流通和物流服务企业构成的供应链,这已是国际化的发展趋势。

物流信息平台的底层是强大的开放式供应链事务处理系统,这种系统具有数据发布、数据更新、电子商务、为供应链提高服务等功能。其有利于物流信息资源的整合与共享,实现社会资源的充分利用,可以对社会资源进行有效的整合,为中小企业的发展提供信息支持,有利于中小企业的发展;也可以对物流系统进行整体的优化,减少信息传递之间的障碍,精简信息传递的途径,有利于提高物流业务的办理效率和信息资源的利用率;有利于加快城市物流业信息化的进程,促进区域中小物流业走向现代化、网络化、信息化的发展道路,为一些企业的信息化建设提供动力;有利于推动电子商务平台的建设和发展。电子商务的发展需要物流业的强大支撑,信息化进程有效地缓解了这一合作难题;有利于信息在供应链之间的流动、信息平台的建立,使信息在供应链上各个企业之间的快速流动成为可能,这样有助于供应链的发展和管理。

物流信息平台由四个子系统组成,分别是:公用物流信息平台、物流中心信息平台、物流信息技术平台和物流信息标准化平台。具体见前文图3-2所示。

其中,公用物流信息平台、物流中心信息平台、物流信息技术平台这些平台的服务对象是不一样的,当给不同的企业提供信息时,它们各自又具有不同的功能。①公用物流信息平台包含的信息范围比较广,另外三个子系统是在此基础上发展起来的。②作为信息平台的核心,物流中心信息平台的应用,不仅可以提高物流的运作效率,还可以缩短信息在供应链企业之间传递的时间。③物流信息技术平台作为辅助性的技术平台，独立于上述两个平台。作为一种技术平台，主要是为信息在企业之间的顺畅流通提供后勤技术保障，有一种信息管理服务的功能。④物流信息标准化平台主要是为了规范系统中的所有信息，它支撑了平台中其他系统的发展和有利于功能的体现。信息只有在进行了标准化的管理和建设之后，才能在企业进行更有效和顺畅的流通，也便于人们的理解和接受，减少信息的不对称。

GPS、ADC、GIS等信息技术经常用于信息化平台的建设和发展，然而在晋江市的物流信息系统的发展过程中，并没有利用这些技术。所以，这也是以后晋江市物流信息系统发展的一个方向。

（三）加快引进物流高级管理人才

只有在人才素质得到普遍提高后，晋江产业集群的物流运作水平才能不断增强竞争力。具体来说，目前缺乏以下几类物流人才。

1. 高级物流管理人才

这类的管理人员是大部分公司中紧缺的人才，他们的主要任务是对企业的生产经营的物流方面进行管理。一般来说，由于企业从事的业务比较多，需要大量的物流方面的人才进行监察和管理，尤其对于制造业来说。例如，企业在进行业务选择的时候，如果决定把自己不擅长的物流业务外包给其他物流公司，来主要发展自己的核心业务。这时，企业就必须面临选择，是全部外包还是部分，具体哪一部分外包给哪个公司等这些都需要高级物流人才进行决策。而且选取物流公司之后，怎样对其进行跟踪、监管和控制等也需要这类人才进行合理判断和控制，即使出现问题，高级物流管理人才应该采取有效地措施进行控制，使企业运营的风险降到最低，确保企业运营的高效性。

2. 物流运营管理人才

这种人才主要负责企业在物流方面的运营，对物流企业的一些业务进行实际亲自操作。他们主要负责一些基本的物流业务，如运输、储存、配送等合理安排和管理，他们同时也要根据客户的需求制定出相应的运营战略，不断进行创新，提高企业物流的运行效率也是他们的重要职责。

3. 物流作业的一线操作人员

这类人员对学历的要求不高，他们主要负责一些业务的熟练操作，对分拣、补货、验货、入库、包装等这些作业有着丰富的经验。这些人不需要了解过多的物流理论，不用对物流知识有系统的把握。这样的一线操作人员，接受一般的技术教育就能满足企业的要求。

4. 政府出台相应优惠政策

为了加快晋江产业集群内物流业的发展，政府应该制定相关的补助或者优惠政策来扶持第三方物流公司的发展。同时也要激励和促进非专业的物流公司向综合型的第三方物流公司发展。这其中，激励机制对调动企业的积极性是很重要的，政府如何激励也是很关键的。一方面，晋江市政府可以出台适当的税收等优惠政策，鼓励企业转型为第三方物流企业；另一方面，政府也可给集群外的第三方物流企业提供优惠政策，吸引其到集群内部来，在服务集群内企业的同时还能给本土物流企业提供帮助。

第三节 启示与借鉴

(一) 积极培育第三方物流企业

第三方物流企业综合实力强、信息系统完备、技术和设备先进，具有专业化、综合性、服务水平高等特点。我们要积极培育第三方物流企业，同时促进传统物流企业的转型和发展，使物流企业向着专业化、综合性、一体化等方面发展。而且要提高货物的运输效率和服务水平，降低物流业运输的成本，不断地进行业务创新，满足市场的需求，实现可持续发展的战略。

物流企业的服务水平和业务办理的质量是企业选择物流公司时最主要的条件。并不是所有的第三方物流企业都有能力提供这些优质的服务，它们必须具有一定的规模和一定的技术、资源等实力之后，才可能为企业提供一体化的优质的物流服务。所以，现代化物流企业的发展必须以满足顾客的需求为宗旨，以市场为发展导向，用科学的方法不断进行业务创新，按照不同种类的要求，建设运输型、仓储型、技术服务型、综合型等不同类型的物流企业，促使企业朝着专业化、集约化、规模化的方向迈进，不断地增进自身的实力。

由于我国的第三方物流公司的发展还不成熟，所以，在发展中，必须依靠政府出台的相关政策的扶持，鼓励和激励第三方物流公司的发展。

所以，政府可以从以下几个方面进行考虑：

①增强对物流行业的重视。首先必须在一些部门中进行广泛的宣传，提高人们的物流意识，尤其是一些工商企业和政府部门。此外还要对第三

方物流企业有足够的关注和认识，让一些企业真真切切地了解将物流业务进行外包的好处所在，为第三方物流企业的发展提供一个良好的环境。

②在政府扶持的情况下，也需要市场发挥一定的作用。我国应该对物流企业进行整合，不断进行创新和改革，集中力量发展具有一定实力的一部分物流企业，然后提升这些物流企业的综合实力和国际竞争力，使它们形成自己的竞争优势和核心竞争力。之后，在范围上不断地进行拓展，让这些企业带动我国整体物流行业的发展。并且鼓励第三方物流企业之间的合作，再一步一步地组建大型的综合型的跨区域的物流企业。

③发展第三方物流市场，鼓励和创造对第三方物流公司的需求。一些企业只有把一些有关的物流业务进行外包时，这些企业才会对第三方物流公司有需求。所以，政府应该鼓励这些企业进行业务外包，像一些进出口贸易、国际连锁超市的商品配送等业务。

④制定相关的产业政策发展第三方物流，并且将其发展纳入我国经济发展战略的规划当中。到现在为止，我国还没有相关的政策来保证第三方物流公司的发展，即使有一些相关的政策，也不是很完善，所以应该积极推进政策的制定和实施。

⑤组织发展第三方物流行业协会。行业协会主要负责物流业务的统筹、规划和管理，还可以进行相关标准的制定。他们是政府和物流公司之间联系的桥梁，对物流公司的发展具有一定的促进作用。

⑥政府要加强对物流标准化体系的建设。标准化可以减少行业发展的混乱程度，同时便于操作和管理。这种标准化既包括运输工具的标准化，也包括一些机械设备、技术操作的标准化。我们可以借鉴和学习一些发达国家的经验来进行标准化建设。

⑦政府要对物流有关的基础设施进行统一整合和规划。在物流企业的发展中，基础设施的建设是很重要的，我们要加快物流设施的现代化进程，引进国外先进的技术和管理方法。政府对规划和投资要进行合理的把握，不要盲目发展，浪费资源。

(二) 大力推进物流信息网络建设

信息网络在企业的发展中具有举足轻重的作用，尤其是对于第三方物流企业的发展。物流行业的发展必须要做到信息的整合，及对信息作出迅速的处理，所以这就要求建立完备的物流信息网络平台，实现资源的共享和充分利用。同时，我们还要对信息资源进行整合和规划，要分别建立地区信息平台和企业物流信息系统,这样才能保证信息的顺畅流通和充分共享,可以提高物流企业的运作效率。

(三) 政府大力支持,培养专业型物流人才

物流型人才对经济社会的发展也起着很大的作用,政府应该重视物流业的发展,制订物流人才的培养方案,鼓励越来越多的高校设立现代物流这门课程,同时积极地引进国外的先进设备和管理经验,完善人才引进机制,实现物流产、学、研紧密结合,加速培养造就一批具有综合能力的物流型人才。

第八章 总结与展望

一、总结

本书主要探究了基于产业集群的物流系统的构建,分析其运作的要素,探讨其发展的动力机制,不同路径下的运作过程,提出三种基于产业集群的物流系统运作模式,并构建运作模式的评价体系和选择模型,分析物流系统的支撑体系,最后结合晋江市产业集群的物流运作系统的实例进行案例分析。通过研究,得出如下结论:

(1) 在产业集群的物流系统构建过程中,物流系统在形成阶段、成长与成熟阶段、衰退阶段和转型阶段由于所处阶段的背景、条件、环境等各不相同具有不同的物流需求。物流系统运作的要素包括三要素:物流系统知识整合能力、网络化程度和创新能力,各要素具有各自的构成维度,在此基础上构建了基于产业集群的物流系统运作的要素模型,并通过实体结构设计、信息网络结构设计和经济网络设计构建了基于产业集群的物流系统的结构模型。

(2) 基于产业集群的物流系统发展的动力机制,按照生命周期理论可分为:形成性动力机制、成长性动力机制、可持续性动力机制等;按照系统论可分为:内源动力机制和外源动力机制。

(3) 基于产业集群的物流系统运作的博弈过程及均衡分析表明,在纵向的整合模式中,产业中的企业都采取整合的策略,就会形成一种稳定的动态均衡;在横向的整合中,大企业整合小企业是不同规模企业间的稳定均衡,合作式整合是大企业间的稳定均衡。

(4) 基于产业集群的物流系统运作模式有三种:第三方物流企业协同运作模式、动态供应链战略联盟模式和跨区域虚拟物流协同运作模式。物流系统运作模式的选择会受到外部决策因素和内部决策因素的影响,可通过模糊评价方法来对物流系统运作模式进行选择。

(5) 从物流主体、物流客体和物流载体三个方面构建了物流系统支撑体系，并简要介绍了所采用的构建策略。

（6）以晋江市产业集群的物流运作系统作为实例，具体地分析了物流系统的运作过程及相关问题，提出相应的解决方法。首先说明了晋江产业集群物流运作现状，分析了该区域产业集群物流运作系统的构建与运作模式，最后在此基础上，得出有关于产业集群下的物流系统发展的启示。

二、主要创新点

本书的主要创新点有：

（1）首先对产业集群的物流系统运作的要素进行了分析，然后构建具体的模型进行探究说明，并通过实体结构设计、信息网络结构设计和经济网络设计构建了基于产业集群的物流系统的结构模型。

（2）将博弈论方法应用到产业集群物流运作层面，对其运作过程进行研究，分别从纵向整合路径和横向整合路径对物流系统运作过程进行博弈分析。

（3）提出基于产业集群的物流系统运作的具体模式，构建了相应的指标评估体系，并构建了定量的选择模型。

三、研究展望

本书主要围绕产业集群的物流系统的构建、运作过程和具体模式、支撑体系等内容进行了研究，但是在研究中还存在一定的问题，一些研究的结论还不是特别成熟，还需要我们从以下几个方面继续进行探索：

（1）在产业集群的物流系统的运作模式研究方面，本书主要从第三方物流企业协同运作模式、动态供应链战略联盟模式和跨区域虚拟物流协同运作模式进行分析，今后还可以从其他分类角度进行研究，例如轴轮式运作模式、平行式协同运作模式、网络式协同运作模式等角度，这是有待进一步丰富研究的工作。

（2）本书已经探讨了产业集群的物流系统运作的过程，本书的研究重点是对一些理论进行了说明和解释，在以后的研究中，我们还可以结合具体的实例，实地考察，进行数据的采集，用定量分析的方法对数据进行分析。用数据支持理论，将会更加有说服力。

（3）对于物流系统的运作模式的指标评估体系，还可以进一步完善其评价指标体系，力求指标体系以及评价方法更加全面与客观，能够准确衡量其效益。

（4）本书对于产业集群的物流系统构建展开研究，主要从构建的要素入手，通过实体结构设计、信息网络结构设计、经济网络设计三方面进行物流系统的结构设计，还可以从构建的主体分析，探讨不同的构建方式。

参考文献

一、国内专著（按姓氏首字母音序排列）

[1] 仇保兴：《小企业集群研究》，上海：复旦大学出版社1999年版。
[2] 长沙市商务局课题组：《长沙市现代物流发展战略研究》，长沙：长沙市商务局2006年版。
[3] 何明珂：《物流系统论》，北京：中国审计出版社2001年版。
[4] 简新华：《产业经济学》，武汉：武汉大学出版社2002年版。
[5] 李一鸣、刘军：《产业发展中相关理论与实践问题研究》，成都：西南财经大学出版社2006年版。
[6] 王缉慈：《创新的空间——企业集群与区域发展》，北京：北京大学出版社2001年版。
[7] 杨公仆、夏大慰：《产业经济学教程（修订版）》，上海：上海财经大学出版社2002年版。
[8] 郁义鸿、管锡展：《产业链纵向控制与经济规制》，上海：复旦大学出版社2006年版。
[9] 赵绪福：《产业链视角下中国农业纺织原料发展研究》，武汉：武汉大学出版社2006年版。
[10] 张耀辉：《产业创新的理论探索高新技术发展规律研究》，北京：中国计划出版社2002年版。

二、国外译著（按姓氏首字母音序排列）

[1] ［英］马歇尔：《经济学原理》，张桂玲、黄道平译，北京：商务印书馆1964年版。
[2] ［英］亚当·斯密：《国民财富的性质和原因的研究》，郭大力、王亚南译，北京：商务印书馆1994年版。

参考文献

三、外文原著（按姓氏首字母音序排列）

［1］A Jantunen. Knowledge-processing Capabilities and Innovative Performance: An Empirical Study. European Journal of Innovation Management, 2005 (3).

［2］Catherine Beaudry, Peter Swann. Growth in Industrial Cluster: A Bird's Eye View of the United Kingdom. SIEPR Discussion Paper, 2001.

［3］Christopher. Logistics and Supply Chain Management: Strategies for Reducing Costs and Improving Services. London: Pitman, 1992.

［4］C. Inkpen. Creating Knowledge through Collaboration. California Management Review, 1996 (1).

［5］C. K. M. Lee, T. M. Chan. Development of RFID-based Reverse Logistics System. Expert Systems With Applications, 2009 (5).

［6］Cooper, M. C, D. M. Lamber, and J. D Pagh. Eupply Clain Management More then a New Name for Logistics. The Internal Journal of Logistics Management, 1997 (8).

［7］D. B. Van, A. J. Frans, H. W. Volberda, D. M. Boer. Coevolution of Firm Absorptive Capacity and Knowledge Environment: Organizational Forms and Combinative Capabilities. Organization Science, 1999 (10).

［8］Des Powell. Government and Industry working together to Implement Modem Logistics. Transport and Communications Bulletin for Asia and the Paci-fic, 2001 (70).

［9］D. Norman, J. Venables. Geography and Development. NBER, Working Paper, 2001.

［10］Doeringer P, Erkla D. Business Strategy and Cross-Industry Clusters. Economic Development Quarterly, 1995 (9).

［11］Douglas M. Lambert, Matha C. Cooper and Janus D. Pagh. Eupply Clain Management Implementation issues and Research Opportunities. The International Journal of Logistics Management, 1998 (9).

［12］Eiichi Taniguchi, R. G. Thompson. Logistics Systems for Sustainable Cities. Elsevier, 2004.

［13］Ellram. Eupply Clain Management. Internal Journal of Physical Distribution and Logistics Management, 1991 (21).

[14] Gandlur, Karthik Satyanarayana, MS. Implementation of Adaptive Routing in Networks. North Carolina State University, 2002.

[15] Harrison, J. Resource Allocation as an Outcropping of Strategic Consistency: Performance Implications. Academy of Management Journal, 1993 (1).

[16] H. Hakansson. Industrial Technological Development: A Network Approach. London Routledge, 1987.

[17] Hoong C. L. An Intelligent Brokering System to Support Multi-agent Web-based 4th-party logistics. 14th IEEE International Conference on Tools with Artificial Intelligence, 2002 (1).

[18] Jacobs D, Ard-Pieter de Man. Clusters, Industrial Policy and Firm Strategy: A Menu Approach. Technology Analysis and Strategic Management, 1996 (4).

[19] J. H. Dyer, H. Singh. The Relational View: Cooperative Strategy and Sources of Interorganizational Competitive Advantage. Academy of Management Review, 1998 (4).

[20] K. J. Petersen, R. B. Handfield, G. L. Ragatz. A Model of Supplier Integration into New Product Development. Journal of Product Innovation Management, 2003 (4).

[21] Kogut B. Designing Global Strategies: Comparative and Competitive Value-added Chains. Sloan Management Review, 1985 (4).

[22] Marshall A. Principles of Economics. London: Macmiiian, 1920.

[23] M. Boer, F. A. Bosch, H. W. Volberda. Management Organizational Knowledge Integration in the Emerging Multimedia Complex. Journal of Management Studies, 1999 (3).

[24] M. Kodama. Knowledge Creation through Networed Strategic Communities: Case Studies on New Product Development in Japanese Companies. Long Range Planning, 2005 (38).

[25] N. Bolloju, M. Khalifa, E. Turban. Integrating Knowledge Management into Enterprise Environments for the Next Generation Decision Support. Decision Support Systems, 2002 (33).

[26] Nicholas Craft, Anthony J. Venables. The Economic Geography of Trade, Production and Income: A Survey of Empirics. NBER, Working

Paper, 2001.

[27] Philippe Martin, Gianmarco I. P. Ottaviano. External Trade and Internal Geography in Developing Economies. NBER, Working Paper, 2001.

[28] P. J. Lane, J. E. Salk, M. A. Lyles. Absorptive, Learning and Performance in International Joint Ventures. Strategic Management Journal, 2001 (12).

[29] Porter M. Clusters and New Economics of Competition. New York: Basic Books, 1998.

[30] Porter M. E. Competitive Advantage: Creating and Sustaining Superior Performance. London: The free Press, 1985.

[31] Porter M. The Competitive Advantage of Nations. New York: Basic Books, 1990.

[32] R. M. Grant. Prospering in Dynamically Competitive Environments: Organizational Capability as Knowledge Integration. Organization Scien-ce, 1996 (4).

[33] R. M. Henderson, K. B. Clark. Architectural Innovation: The Reconfiguration of Existing Product Technologies and the Failure of Established Firms. Administrative Science Quarterly, 1990 (1).

[34] Rosenfeld S. A. Bringing Business Clusters into the Mainstream of Economic Development. European Planning Studies, 1997 (1).

[35] Schmitz, H. Small Shoe Makers and Fordist Giants: Table of Supercluster. World Development, 1999 (23).

[36] Skjott-Larsen T, Paaulsson U, Wandel S. Logistics in the Oresund Region after the Bridge. Europen Journal of Operational Research, 2003 (2).

[37] Stevens and Graham. Integrating The Supply Chain. International Journal of Physical Distribution and Material Management, 1989 (8).

[38] Sungwon Lee. Improving Efficiency in the Logistics Sector for Sustainable Transport Development in the Republic of Korea. Transport and Communications Bulletin for Asia and the Pacific, 2001 (70).

[39] T. Baker, A. Miner, D. Eesley. Improvising Firms: Bricolage, Retrospective Interpretation and Improvisational Competencies in the Founding Process. Research Policy, 2003 (32).

[40] Tichy G. Clusters: Less Dispensable and More Risky than Ever. New York: Basic Books, 1998.

［41］Tyan J. C. An Evaluation of Freight Consolidation Policies in Global Third Party Logistics. Omega. Oxford，2003（6）.

［42］Vanheok remkol. The Purchasing and Control of Supplementary Third-Party Logistics Services. Journal of Supply Chain Management，2000（4）.

［43］W. M. Cohen，D. A. Levinthal. Absorptive Capacity：A New Perspective on Learning and Innovation. Administrative Science Quarterly，1990（1）.

四、期刊（按姓氏首字母音序排列）

［1］巴雅尔：《产业集群演化理论及其应用研究》，大连海事大学硕士学位论文，2007年。

［2］陈畴镛、胡保亮：《第三方物流与集群企业协同发展的模式研究》，中国管理学年会，2009年。

［3］陈洪云、李贵春、李龙洙：《我国物流业存在的问题及对策》，《经济师》，2002年第9期。

［4］陈俊杰：《泉州产业集群物流一体化研究》，华侨大学硕士学位论文，2009年。

［5］陈力、宣国良：《顾客知识整合对新产品开发绩效的影响》，《科学学研究》，2007年第1期。

［6］曹明秀、关忠良、穆东、卞文良：《资源型城企物流耦合系统的系统动力学模型及其应用》，《物流技术》，2007年第10期。

［7］蔡宁、吴结兵：《产业集群的网络式整合能力及其集体学习机制》，《科研管理》，2005年第4期。

［8］池仁勇、郭元源、段姗、陈瑶瑶：《产业集群发展阶段理论研究》，《软科学》，2005年第5期。

［9］陈通、李钊军：《基于产业集群的物流中心构建研究》，《现代物流》，2003年第10期。

［10］崔晓迪、穆东、王耀球：《基于客户需求的物流业务耦合系统的研究》，《北京交通大学学报》（社会科学版），2008年第2期。

［11］陈忠文、张小青：《论欠发达地区产业集群支持系统中的现代物流体系建设》，《交通企业管理》，2007年第4期。

［12］多淑杰：《产业区域转移影响因素的实证分析》，《山东社会科学》，2010年第8期。

[13] 杜义飞、李仕明：《产业价值链：价值战略的创新形式》，《科学学研究》，2004年第5期。

[14] 高海晨：《工业企业自营物流模式分析》，《企业活力》，2004年第5期。

[15] 龚勤林：《产业链空间分布及其理论阐释》，《生产力研究》，2007年第16期。

[16] 龚勤林：《区域产业链研究》，四川大学博士学位论文，2004年。

[17] 高少军：《晋江产业集群的物流运作模式探讨》，《物流技术》，2006年第1期。

[18] 高少军、黄章树：《晋江产业集群的物流运作模式探讨》，《物流技术》，2006年第1期。

[19] 国务院发展研究中心物流产业政策赴欧考察团：《政府与行业协会在物流产业发展中的作用》，《中国物资流通》，2001年第10期。

[20] 顾峥：《产业集群：虚拟企业实现跨区域互动的有效形式》，《中共银川市委党校学报》，2007年第2期。

[21] 胡保亮：《产业集群中的第三方物流及其特征探讨》，《华南理工大学学报》，2009年第1期。

[22] 黄程、符正平：《珠江三角洲地区企业集群的分类及其特征》，《管理评论》，2003年第6期。

[23] 黄金川、方创琳：《城市化与生态环境交互耦合机制与规律性分析》，《地理研究》，2003年第2期。

[24] 郝生宾、于渤：《企业技术能力与技术管理能力的耦合度模型及其应用研究》，《预测》，2008年第6期。

[25] 韩炜：《基于扎根理论的外生型产业集群异变机理研究》，《科技进步与对策》，2010年第12期。

[26] 蒋国俊、蒋明新：《产业链理论及稳定机制研究》，《重庆大学学报》（社会科学版），2004年第1期。

[27] 姜华：《试论区域物流发展与区域产业集群竞争力》，《新疆大学学报》，2006年第34期。

[28] 姜克锦、张殿业、刘帆汶：《城市交通系统自组织与他组织复合演化过程》，《西南交通大学学报》，2008年第5期。

[29] 蒋鹏：《企业自营物流与第三方物流运作模式的研究》，《中国商贸》，2009年第6期。

[30] 贾若云：《产业集群概念辨析及对区域发展的作用》，《企业经济（合肥）》，2005年第6期。
[31] 江小国：《论物流业运作模式的优化升级——我国发展第四方物流的思路探讨》，《沿海企业与科技》，2006年第4期。
[32] 贾晓航、张建国：《打造中国现代物流产业的建议》，《经济学家》，2004年第2期。
[33] 刘秉镰：《全面开放下的中国物流市场结构与特征分析》，《中国流通经济》，2007年第4期。
[34] 刘东林、王春香：《供应链整体绩效的模糊综合评价》，《物流技术》，2006年第4期。
[35] 廖海：《我国物流产业发展对策研究》，《中国流通经济》，2004年第9期。
[36] 刘浩然、陈力、宣国良：《供应商知识整合的新产品开发绩效实证》，《工业工程与管理》，2007年第2期。
[37] 黎继子、刘春玲：《集群式供应链：产业集群和供应链的耦合》，《现代经济探讨》，2006年第5期。
[38] 李凯、李世杰：《我国产业集群分类的研究综述与进一步探讨》，《当代财经》，2005年第12期。
[39] 李莉、张建华、周海燕：《物流产业发展与国民经济整体水平提升的相关性分析》，《中国机械工程》，2003年第10期。
[40] 吕乃基：《金融危机之"危"与"机"——基于全球产业链与功能耦合的视角》，《河南社会科学》，2009年第2期。
[41] 李清、董葆茗：《中国物流产业发展的新趋势》，《中国流通经济》，2010年第7期。
[42] 李全新、郑少锋、李瑞青：《中药材产业链特征及发展对策研究》，《中国农业资源与区划》，2007年第2期。
[43] 李小彬：《中国产业集群的发展现状及对策》，《湘潮》，2008年第7期。
[44] 刘铁钢：《我国第三方物流的发展现状与运作模式探讨》，《湖南经济管理干部学院学报》，2005年第1期。
[45] 李文博：《企业集成创新系统的深层耦合机理及其复杂性涌现》，《科技进步与对策》，2009年第5期。
[46] 李学工：《论物流产业对国民经济的贡献》，《北京工商大学学报》

(社会科学版)，2003年第6期。

[47] 李学工、易小平：《基于港口资源的跨区域农产品虚拟物流协作体系》，《港口科技》，2009年第4期。

[48] 刘雪妮、宁宣熙、张冬青：《产业集群演化与物流业发展的耦合分析——兼论长三角制造业集群与物流产业的关系》，《科技进步与对策》，2007年第9期。

[49] 林学强：《构筑产业链提升区域竞争力》，《福建经济》，2002年第8期。

[50] 李岩、陈雪梅：《产业集群竞争力形成与发展研究：以广东惠州市为例》，《产业与科技论坛》，2010年第1期。

[51] 连远强：《产业集群与供应链联盟的关联性分析》，《物流工程与管理》，2010年第1期。

[52] 李英、张晓萍、缪立新：《我国物流产业特征及实证模型框架》，《商业研究》，2009年第5期。

[53] 刘志坚：《基于循环经济的产业链耦合机制研究》，《科技管理研究》，2007年第7期。

[54] 马建会：《构建现代物流支撑体系，提升珠三角产业集群核心竞争力》，《商业经济文荟》，2006年第3期。

[55] 马利邦、牛叔文、李怡欣：《甘肃省城市化与生态环境耦合的量化分析》，《低碳生态城市研究》，2010年第5期。

[56] 孟琪：《基于产业集群下的物流运作模式研究》，重庆交通大学硕士学位论文，2009年。

[57] 马燕、李焱：《依托产业集群发展长珠三角物流业》，《区域物流》，2006年第4期。

[58] 彭瑾：《构建以动态联盟为基础的产业集群物流集成管理模式》，《科技广场》，2010年第8期。

[59] 芮明杰、刘明宇：《产业链整合理论述评》，《产业经济研究》，2006年第3期。

[60] 冉庆国：《产业集群与产业链关系的耦合》，《商业研究》，2008年第11期。

[61] 帅斌：《物流产业化发展机理与政府规制研究》，西南交通大学博士学位论文，2005年。

[62] 沈鹃、何世伟：《城市物流货运枢纽需求预测及规划方法研究》，《沿

海企业与科技》，2005年第2期。

[63] 孙淑生、海峰：《基于产业集群的区域物流系统与运作模式》，《物流技术》，2007年第7期。

[64] 孙耀乾：《论我国企业物流运作模式的决策》，《商品储运与养护》，2008年第2期。

[65] 沈玉良：《我国物流产业发展中的几个问题》，《国际商务研究》，2001年第4期。

[66] 王福涛、钟书华：《集聚耦合对创新集群演化的影响研究》，《中国科技论》，2009年第3期。

[67] 王贵强、苟烨、齐继东、李福奎、马妍：《物流动态联盟管理研究》，《物流科技》，2009年第10期。

[68] 武钧、贾春雷：《物流产业的发展研究》，《内蒙古科技与经济》，2005年第9期。

[69] 王静：《基于产业集群的供应链组织与物流园区发展模式》，《西北农林科技大学学报》（社会科学版），2008年第5期。

[70] 王缉慈、谭文柱、林涛、梅丽霞：《产业集群概念理解的若干误区评析》，《地域研究与开发》，2006年第2期。

[71] 王建文：《完善晋江现代物流体系的初步思考》，《金融经济》，2008年第5期。

[72] 魏江、王江龙：《平行过程主导的产业集群整合过程模式研究——以瑞安汽摩配产业集群为例》，《研究与发展管理》，2004年第11期。

[73] 汪鸣：《物流业的产业特征与发展问题》，《中国流通经济》，2009年第7期。

[74] 王芹：《国外产业集群理论研究综述》，《生产力研究》，2007年第19期。

[75] 王微：《"十一五"我国物流产业发展的环境与新趋势》，《中国流通经济》，2007年第2期。

[76] 吴伟伟、梁大鹏、于渤：《技术管理与技术能力的双螺旋耦合模式研究》，《中国科技论坛》，2009年第11期。

[77] 王小丽、周旭东、张文杰：《动态联盟——21世纪物流管理新模式》，《物流科技》，2000年第2期。

[78] 王喜权、李树德：《论产业集群的作用和意义》，《哈尔滨市委党校学报》，2005年第1期。

参 考 文 献

[79] 王燕：《长沙市产业集群的现代物流支持体系发展研究》，湖南大学硕士学位论文，2007年。

[80] 薛辉、欧国立：《产业集群下的物流运作模式研究》，《中国流通经济》，2008年第10期。

[81] 谢贞发：《产业集群理论研究述评》，《经济评论》，2005年第5期。

[82] 杨和财、李全新、张振文：《葡萄酒生态产业链的研究》，《中国人口·资源与环境》，2008年。

[83] 于江：《企业外包物流的选择与合作》，《财经问题研究》，2003年第5期。

[84] 杨水根：《基于产业链视角的湖南工程机械产业集群竞争力研究》，中南大学硕士学位论文，2008年。

[85] 于秀婷、史占中：《产业集群的演化和阶段性成因探讨》，《上海管理科学》，2005年第1期。

[86] 严妍：《轧辊行业供应链战略联盟动态关系研究》，南京航空航天大学硕士学位论文，2009年。

[87] 殷锐：《河源产业集群物流运作模式研究》，《出国与就业》，2009年第1期。

[88] 朱建安、周虹：《发展中国家产业集群升级研究综述：一个全球价值链的视角》，《科研管理》，2008年第1期。

[89] 曾磊：《电子商务环境下逆向物流运作模式的选择研究》，《改革与开发》，2010年第20期。

[90] 张明、周鹏：《第三方物流和自营物流的比较分析》，《沿海企业与科技》，2006年第2期。

[91] 张培富、李艳红：《技术创新过程的自组织进化》，《科学管理研究》，2000年第6期。

[92] 张庆普、单伟：《企业知识转化过程中的知识整合》，《经济理论与经济管理》，2004年第6期。

[93] 朱世平：《中国物流产业发展特征分析》，《财贸经济》，2005年第2期。

[94] 赵素霞：《成都市物流产业发展措施探索》，西南交通大学硕士学位论文，2006年。

[95] 郑学益：《构筑产业链形成核心竞争力——兼谈福建发展的定位及其战略选择》，《福建改革》，2000年第8期。

[96] 赵峥:《产业集群:概念和特征》,《经济研究参考》,2009年第1期。

[97] 张治河、胡树华:《产业创新系统模型的构建与分析》,《科研管理》,2006年第2期。

[98] 朱祖平:《产业集群与竞争优势之间的因果解释及其政策意义》,《福州大学学报》(哲学社会科学版),2005年第3期。